素顔の 白石麻衣

Mai Shiraishi

～アイドルの衣を脱ぐ時～

藤井祐二

太陽出版

プロローグ

白石麻衣が卒業する――。

具体的な卒業日程、卒業コンサート等の発表は9周年ライブ、あるいはライブ終了後になされるだろうが、いよいよ〝乃木坂46第1章〟の終幕を現実として迎える時代が来てしまう。

「2018年の生駒里奈、2019年の西野七瀬、そして2020年の白石麻衣。これで乃木坂46の歴代センターTOP3が卒業し、齋藤飛鳥を頂点とした新しい世代、第2章の幕が上がる。正直、〝1期生の飛鳥を次世代の顔にするのはどうなの?〟……という声もありますが、3期生の大園桃子、久保史緒里、山下美月、与田祐希、そして4期生の遠藤さくら、賀喜遥香、筒井あやめが、飛鳥とセンター争い、エース争いをすることで乃木坂46はますます活性化するでしょう。ファンの誰もがそう信じ、白石の卒業を〝進化〟に変えたいと願っているのです」(乃木坂ウォッチャー)

確かに白石麻衣の卒業は、次世代の台頭を加速化させるだろうし、白石本人も――

『あの子たちならやってくれる』

――との手応えを掴んだからこそ、生駒から3年連続となるエースの卒業に踏み切ったのだ。

映画出演のためとはいえ乃木坂46にとっては〝最も大切な〟BIRTHDAY LIVEを全休し、その直後に発売されるシングルで卒業することが、いかにグループに大打撃を与えるか――彼女ならばわからない、いや〝感じない〟はずがない。

「乃木坂46運営の本音は〝10周年までいて欲しい〟以外の何ものでもありません。その大きな区切りに白石卒業を重ねることで、さらに大きな〝ビジネス〟に発展させたかったからです。もっとも本人は『2年ぐらい前から卒業を考えていた』――との発言通り、10周年には何らこだわりを持っていなかった。ちなみに10周年の年には30才になるので、〝20代は乃木坂に捧げる〟のならば話は別ですが」(テレビ東京関係者)

今や乃木坂46がＡＫＢ48の〝公式ライバル〟として発足し、常に格下扱いされていた頃を知るファンのほうが少ないと聞く。

その黎明期から〝一番人気〟を誰にも譲らず、乃木坂46の名前をアイドル界の外に広げてくれたのは、言うまでもなく白石の功績。

つまり彼女が〝公式ライバルオーディション〟に応募しなければ、乃木坂46がＡＫＢ48を凌駕することも、姉妹グループが結成され〝坂道シリーズ〟が芸能界の一大勢力として君臨することもなかっただろう。

「かといって、彼女が乃木坂46に所属せずに単なる〝一個人〟から読者モデル、専属モデルへとステップアップしたとしても、今ほどの人気や知名度を得られたとは思えません。乃木坂46に白石麻衣がいたから、白石麻衣が乃木坂46にいたから、両者は相乗効果で上り詰める運命だった」（同テレビ東京関係者）

その運命——白石麻衣と乃木坂46のおよそ8年半の歴史とエピソードを紐解き、卒業後の可能性へと話を進めていくのが、今回、本書が発刊された使命に他ならない。

イジメとの闘い。

不登校との闘い。

そして出会う、乃木坂46オーディション。

AKB48を受けなかった本当の理由。そこにもイジメへのトラウマが――。

パイオニアたちの責任――1期生が背負う〝売れなければ解散〟の宿命。

握手会に対する偽らざる本心――握手会免除のきっかけを作った？

初心を忘れないために、あえて食べ続けたコンビニ弁当の味。

レコード大賞の受賞でようやく掴んだ芸能界の居場所。

グループの海外進出には消極的――その意外な真意とは？

桜井玲香と秋元真夏――キャプテン2代との距離感。

生田絵梨花へのコンプレックス――本物の才能を見せつけられた〝恐怖〟。

〝ザ・盟友〟松村沙友理の存在。

欅坂46と日向坂46――彼女たちは〝可愛い後輩〟か、それとも〝悪魔のようなライバル〟か。

センターを託す者たちへ――齋藤飛鳥・山下美月・与田祐希・遠藤さくら・清宮レイ。

卒業後の可能性――これまでアパレルやコスメビジネスに手を出さなかった〝彼女らしい〟理由。
指原莉乃と渡辺麻友――同世代の先輩に抱いてきた憧れと畏怖。
卒業して最初に経験したいのは『やっぱりスキャンダル』――と笑う〝アイドル〟との訣別。

……and more.

本書をお読み頂ければ、白石麻衣の過去・現在・未来のすべてを手にすることが出来るだろう。
そして何も飾らない、生身の彼女が〝いかに魅力的〟な女性だったかを、改めて思い知ることになるだろう。

今からでも遅くはない。
希代のアイドル――いや〝アーティスト〟が乃木坂46から去り行く姿を、皆さんはその目にしかと焼きつけて欲しい。

Mai Shiraishi

素顔の白石麻衣

～アイドルの衣を脱ぐ時～

目次

プロローグ 2

1st Chapter 乃木坂46との出会い 13

〝卒業〟——白石の本心と運営の思惑 14
人生を激変させた〝乃木坂オーディション〟 20
白石が晒した唯一の〝アキレス腱〟 26
〝過去〟を乗り越えたポジティブなモチベーション 31
白石が改革した〝乃木坂ルール〟 35
『伝説のひと吠』——〝レジェンド白石麻衣〟誕生の瞬間 41

47 2nd Chapter パイオニアとしての宿命

生駒と白石の間に生まれた〝絆〟……48
〝2代目キャプテン真夏〟への信頼感……54
白石と生田、2人の間にある〝特別な〟関係……60
〝ザ・盟友〟――松村沙友理……65
西野七瀬との〝絶妙な距離感〟……70
白石麻衣フレーズ……76

81 3rd Chapter センターを託す者たちへ

〝乃木坂46のパイオニア〟としての責任……82
3期生の中に見た〝生駒イズム〟……89
〝次期センター〟に指名する後継者……94

白石が期待する3期生の可能性……101
与田祐希に見る〝新しいセンター像〟……106
密かに期待する〝4期生の逸材〟……111
白石が〝卒業〟を確信した瞬間――……118
白石麻衣フレーズ……124

131 4th Chapter ライバルを超えるために

〝シングル年間1位〟へのコンプレックス……132
レコード大賞3連覇よりも〝大切なこと〟……136
白石が恐れる〝AKB48の底力〟……141
乃木坂メンバーに残した〝海外進出〟への宿題……147
白石が意識する〝同じ年のライバル〟……151

157 5th Chapter アイドルの衣を脱ぐ時――

白石が感じていた〝2年前の予兆〟……158
〝初心〟を忘れないために……164
乃木坂46〝謙虚の象徴〟……170
〝ファッションリーダー〟としての未来……175
「女優・白石麻衣」への想い……180
白石が掴んだ〝新たな夢と目標〟……185
卒業で広がる〝白石麻衣〟の可能性――……191
白石麻衣フレーズ……196

202 エピローグ

Mai Shiraishi

素顔の白石麻衣

～アイドルの衣を脱ぐ時～

素顔の白石麻衣

1st Chapter

乃木坂46との出会い

Mai Shiraishi

〝卒業〟――白石の本心と運営の思惑

『わがままを言わせてもらえれば、
最後の紅白はＡＫＢさんのようにグループみんなで出てみたい。
それと卒業コンサートはやらせて欲しい』

――それが、〝卒業〟が決まった直後、白石麻衣が運営幹部にお願いしたことだという。

ものすごく清々しい顔で、ニコッと吹っ切れたかのような笑顔を浮かべていたとも聞く。

まだメンバーもファンも正月気分を味わっていた1月6日――。

いきなり冷や水をぶっかけられ、現実に引き戻されたのが〝白石麻衣の卒業発表〟だった。

「乃木坂46恒例の正月行事でもある初詣が行われた後、2020年初の番組収録が行われました。その収録の控室で、メンバーとスタッフを前に白石が卒業を発表。公式には〝誰にも知らせていない〟と言われていますが、キャプテンの秋元真夏、御三家の松村沙友理、そして生田絵梨花と高山一実には事前に報告済みだったようですね。それから卒業生では生駒里奈にも」

話してくれているのは、乃木坂46運営に深く食い込む放送作家氏だ。

「スポーツ紙が一斉に報じた（1月）7日、白石は公式ブログでファンに向けた卒業メッセージを発信しました。まず卒業自体は2年前の夏、25才の誕生日あたりから考え始めていたこと。そして卒業後は外側から乃木坂46を支えていきたいこと。さらに2020年が乃木坂46にとって素晴らしい1年になること。ファンへの報告が報道よりも後になってしまったことを踏まえ、いかにも大人の対応で、何よりもファンへの感謝を綴ったブログでした」

2年前の2017年といえば、自他共に認める〝相方〟橋本奈々未が乃木坂46〝BIRTHDAY LIVE〟と同時期に卒業コンサートを行った年。

相方不在の半年間を過ごした白石がグループ活動に空しさや物足りなさを感じ、次のステージへと進んだ相方の背中に――

『自分もここを飛び出して頑張るべきではないのか?』

――と考え始めたのも自然の成り行きだろう。

しかしそのタイミングで、自分のことよりもメンバーや周囲のスタッフの気持ちを先読みし、必要以上に気を遣う白石にとって〝絶対に自分の我を通すわけにはいかない〟出来事が起こってしまう。

後のエピソードで詳しくお話しするが、白石は2017年11月に行われた東京ドームコンサートの直前に生駒里奈から〝卒業〟の意思を告げられ、自らの卒業を封印することを選択せざるを得なくなったのだ。

「この時点で1年前に入ってきた3期生も頑張ってはいましたが、生駒がいなくなり、そして自分がいなくなる乃木坂46を任せきれるほどの安心感は、残るメンバーにはありませんでした。すると迷いを捨てきれない白石の気持ちを見透かし、〝まだまだ卒業させないよ〟とばかりに、運営は『坂道合同オーディション』の開催を発表したのです」

何名が乃木坂46に〝4期生〟として加入するか、まったく不透明なオーディションで、白石は非公式に審査員も務めたらしい。

「自分が選んだとまではいわなくても、自分が気になったメンバーが4期生として乃木坂46に加入すれば、白石の性格として〝その子が一人前になるまでは卒業するわけにはいかない〟――運営は彼女の〝乃木坂愛〟に訴えかける手段に出たのです」

名実共に〝乃木坂46の顔〟である白石の卒業を「出来るだけ先延ばしにしたい」運営の気持ちはわからなくもないが、そこまで周到に外堀から埋めていかなくても良いのでは?

「運営の本音は『白石には10周年まで卒業してもらいたくない』――です。でも同時に、さすがにそれも〝無理がある〟のもわかっていました。24thシングルでセンターとフロントに抜擢した3人の4期生は、もちろん全員が10代。今年の8月で28才の白石に、彼女たちと選抜の覇権を10周年まで争わせるのはいかにも酷。そこで腹案として考えていたのが、単独センターを務めたメンバー、つまり乃木坂を代表するメンバーは〝年に一人までしか卒業させない〟――の新ルールを作った。おわかりですよね？　要するにすでに〝2019年の卒業生が決まっていた〟わけです」

言わずと知れた〝西野七瀬〟だ。

「とはいえ、ただ〝我慢してくれ〟の一言だけで翻意させることは出来ないので、運営はこちらも暗黙の了解で、白石のグループとしての仕事を減らし、個人の仕事を増やしました。全国ツアーや海外公演の最中、あえて個人仕事をぶつけて休演させるなど、ファンから批判されることを覚悟の上で悪者になったのです」

タッチの差で卒業をさらわれたことで、実は一時期、白石と西野の間には険悪な空気も流れたという。

「白石の気持ちのどこかに『自分は乃木坂46のために我慢しているのに、どうして一人だけ強引に卒業を決行するのか』――の意識があったのは事実で、白石も人間ですから当たり前の感情でしょう。それが氷解したのは、伝聞とはいえ〝西野の本心〟を聞いたからだそうです」

その時、西野は――

『勝手なのはわかってるけど、私はまいやんに見送られて卒業したい』

――と、親しいスタッフに打ち明けていたのだ。

「〝センターを争うライバル〟として、時には〝Wセンターを組む相方〟として。2人がいたからこそ乃木坂46は大きくなった。白石はある意味〝男気〟の人ですから、それを聞いて〝よっしゃ！ 見送ったろやないか〟――と胸を叩いて受け入れたということです」

ここから先の物語は、また本書の後半でお楽しみ頂ければと思う。

まずは白石麻衣と乃木坂46の出会いのヒストリーから、徐々にストーリーを紡いでいくとしよう――。

人生を激変させた〝乃木坂オーディション〟

東京の下町にある某音楽系専門学校に通っていた白石麻衣は、入学から3ヶ月も経っていない2011年6月下旬、担任講師に、

「こんなオーディションがあるんだけど、白石さん受けてみない?」

——と勧められた一言によって、後の人生を激変させることになる。

ファンにもよく知られたエピソードだが、当初は、

「そんなウマい話があるか!」

「最初からそこの生徒を合格させるつもりだったんだ」

「どうせSONYが経営してるんだろ」

……などと、根も葉もないデマを流されたりしたものだ。

「あまりにも劇的な話ですからね。だってその担任講師に勧められなければ、〝乃木坂46の白石麻衣〟は誕生していなかったわけですから。そのエピソードだけ聞けば、誰しも〝そんなのヒモ付き（※コネ）に決まってんじゃん〟と言いかねませんよ」

高校3年生の進路相談で音楽専門学校の存在を知った白石は、自宅から学校まで片道1時間超の通学路を苦とも思わなかったものの、漠然と――

『音楽関係の仕事に就ければな』

――程度にしか考えていなかったという。

それゆえ最終オーディション結果発表の際、彼女は――

『私みたいな、あやふやな気持ちで受けている人間が受かるわけがない。むしろ受かっちゃいけないんだ』

――と、ずっと心の中で繰り返していたという。

「〝どうしてもアイドルに、AKB48の公式ライバルになりたい！〟という気持ちは、最終審査に進んだ56名の中では最も希薄なメンバーの一人だったでしょうね」

話してくれたのは、これまでに白石のインタビューを8年半で「50〜60回はしていると思う」という、芸能ライター氏だ。

「最終審査は2011年の8月21日、彼女の19才の誕生日の翌日に行われました。前日の誕生日、お母さんに『最初のチャレンジなんだから気楽に行きなさい』と励まされ、スーッと緊張が解けたそうです。もっとも翌日の本番はその反動からか、『マックスの倍は緊張した』――なんて思い出し笑いを浮かべていましたけど」

合格者が何名になるのかもわからないまま、彼女たちは最終審査に。

ところがその最終審査の結果発表を前に、参加者たちは強制的に〝制服〟に着替えさせられたのだ。

『AKBさんを見ていて、そういうモノを着なきゃいけないのは想像していました。

でもいきなり「(ここで!?)」と戸惑ったし、

実際に制服を着た自分の姿は――

「(コスプレかよ！)」……と思いました』〈白石麻衣〉

高校卒業から半年程度で〝コスプレ〟とは早すぎる感もするが、しかし実際合格者36名のうち自分よりも年上（世代）は卒業生第1号の岩瀬佑美子、聖母・深川麻衣の2名しかおらず、後は全員、現役の中高生だったのだから仕方がないのかも。

「御三家こと白石麻衣、松村沙友理、橋本奈々未。そして現在新婚ホヤホヤの衛藤美彩の4人が高校卒業1年目組でしたからね。もちろんオーディションごとに募集要項があり、だいたい、年令は下が12〜13才で、上は20〜22才ぐらいの範囲が多いと思いますが、2011年当時のAKBファンは、合格した乃木坂1期生のプロフィールを読んで、〝さすが公式ライバルだけあって、あえて黄金の91年組以下の世代で攻めてきてるな〟と話し合ったと聞いています」

AKB48の〝黄金の91年組〟とは、絶対的エースの前田敦子を筆頭に、高橋みなみ、板野友美、河西智美、増田有華、柏木由紀、仲川遥香、北原里英ら、その多くが選抜メンバーとして活躍していた世代のこと。

つまり乃木坂46はこの世代以下のファンを奪うことを重要な戦略として、36名中34名の〝92年組以下を選んだのでは？〟と、AKBファンの間で言われていたらしい。

「まるで予言が的中したかのようでした。91年組がゴッソリと卒業し、弱体化した2014年あたりから乃木坂46の逆襲が始まりましたからね。結果的に狙いがズバリ的中したと言っても良いでしょう」

なるほど。乃木坂46運営は〝センター、エースが次々と抜けたアイドルグループの脆さ〟を体験しているからこそ、生駒、西野、白石の〝年イチ卒業〟しか認めようとしないのか。

「もともと、SONYのレーベルに所属していたAKB48との〝メジャーデビューしてからの3年契約〟を延長しなかったせいで、『大声ダイヤモンド』以降をキングレコードにさらわれたSONYは、すっかり確立したAKBのビジネスモデルを踏襲さえすれば、そこそこ当たることも織り込み済みだった。あとは何としても前田敦子のような絶対的エースを発掘し、育てるだけ。それにはほとんどが素人の合格者36名に〝強烈な競争意識〟を持たせなければならなかった」

運営の強い意志が表れていたのが、36名の合格者発表の直後、さらに〝暫定選抜〟16名が発表されたことでも明らかだろう。

『前後が3列というか3段というか……私は真ん中の向かって左端。

前に（桜井）玲香がいて、後ろがかずみん（高山一実）、隣が生駒ちゃんでした。

その場所でも「（目立って恥ずかしいな～）」と思ってましたし、
何よりも自分が暫定選抜に入った驚きは衝撃的でしたね。

ただ何よりも驚いたのは、最終オーディションから1ヶ月後に、
いきなり3人のメンバーがいなくなったこと。

しかも3人のうち2人は暫定選抜で前列にいたし、1人はセンター。

〝えっ⁉ それでアッサリ辞めていいんだ〟……みたいな。

芸能界の厳しさどうこうではなく、まだ私たちは何も始まっていないのに。

正直、自分もあやふやな気持ちではありましたけど、
絶対に「辛いからといって投げ出したりはしない」——と心に誓いました。

その点では3人に感謝していますよ。

まあ、1人は〝活動休止〟とかいって、高校を卒業したら戻ってきましたけども（笑）』〈白石麻衣〉

言わずと知れた、秋元真夏のことだ——。

白石が晒した唯一の〝アキレス腱〟

多くのアイドルの過去を辿ると、恵まれた幼少期、少年少女時代を過ごしている者が〝圧倒的に少ない説〟が成立するという。

「想像してみてください。家庭や友人に恵まれず、幸せな自分を夢見ながら泣いて暮らす少女でも、アイドルの夢を叶えられればみんなの憧れの的になる。そんなサクセスストーリーが実在するのが芸能界で、過去に何百人ものタレントが自らの努力で幸せを掴んできたのです」（芸能プロ幹部）

なるほど。原宿や渋谷でスカウトをする時、スカウトマンが何度も口にしたセリフのようにも聞こえる（苦笑）。

「あくまでも〝極端〟な話、過去にイジメの被害者だった者、あるいは真逆で非行の道に走った者。成功者であればあるほど、その2種類に分類されると言ってもいいのが今の芸能界」

続いて話してくれるのは、フジテレビ情報番組センターのプロデューサー氏だ。

「テレビのコンプライアンスが厳しくなるにつれ、視聴者側から見る芸能人の素行についても、昨今は厳しくなる一方です。たとえば今年に入ってそれを象徴するのが、東出昌大の不倫騒動。むしろ世間の怒りのほうが家族の怒りよりも険しいのではないか?……そんな印象を受けるほど、徹底的に叩かれていますからね」

いやいや、火に油を注いでいるのは、プロデューサー氏らワイドショー側ではないか――のツッコミはさておき、しかし同時に面白い現象も起きているという。

「イジメ被害者と素行不良、もちろん同列に語ることは出来ませんが、ほんの10年ほど前までは絶対に〝隠しておきたい過去〟という意味では共通していて、タレントさんの〝ハングリー精神〟のバネになっていました。ところが今はセールスポイントであるかのように、デビュー当時から過去をオープンにするタレントが増えている。かつては売れないタレントが延命する、一発逆転の切り札が〝過去の切り売り〟だったんですけどね」

視聴者側、いわゆる一般大衆の懐が広くなったとでも言おうか、芸能人になる前の過ちについては比較的安易に〝許される〟傾向が強い。

いやむしろ「ヤンチャ時代の武勇伝」を嬉々として明かし、極貧の家庭環境や荒んだ少年時代、中でも少年院や女子少年院上がりを〝面白がる〟空気すら感じる。

一度や二度の過ちがハンディにならない業界になるのは喜ばしいが、たとえばそれはアイドルの恋愛についてもそうで、坂道シリーズや48グループに〝加入前の彼氏〟については、8割から9割方、大きな問題に発展することはない。

「かつてのアイドル界はグループ加入前、ソロの場合はデビュー前の恋愛についても、〝キスプリ〟のような証拠が出てくればほとんどアウトでした。しかし乃木坂では結成数ヵ月後、当時17才の若月佑美が〝はるかに年上の男性〟と濃厚なキスを交わす写メが流出したものの、ファンの前で謝罪することで不問に付され、事実上〝加入前の恋愛は許される〟ルールが成立してしまいました」

いくら加入前でも、後に坂道シリーズでは衝撃的な〝教師との恋愛〟が発覚、即〝活動辞退〟に追い込まれたメンバーもいたが、たとえば加入後の恋愛、しかもギョーカイ人との不倫が写真誌にスクープされても〝選抜落ち〟のペナルティで済んだ松村沙友理のように、運営側の都合にルールが左右される感は否めない。

「白石麻衣が卒業を発表した時、マスコミの99％が〝ノースキャンダルで8年間を通した〟〝どんな誘いにも乗らなかった〟と称賛しました。しかしスキャンダルそのものがまったくなかったのかと言われれば、デビュー当時に〝あるプリクラ〟が流出し、一部のヲタクが騒然としたことは事実です」

それは女子高生時代の〝友人とのプリクラ〟だった。

「ごくごく普通に、埼玉の女子高生が放課後のノリで撮ったプリクラです。それがなぜ騒がれたのかというと、白石が関ジャニ∞・安田章大の担当（※いわゆる推し）であることがプリントに書き込まれていたからです」

わずかその程度の話で、万が一にも女子高生時代の白石が安田と関係があったとか、安田がプライベートで呼び出していたとか、そんなわけでもなんでもない。

それでも双方のヲタクが騒いだのは「『Mステ』や『MUSIC DAY』『音楽の日』『FNS（歌謡祭）』で共演したら連絡先を交換するに違いない！」という、一種の狂信的な妄想からだった。

「白石が美人だからこその噂で、ああ見えて〝タレント喰い〟で知られる安田が、〝自分のファンだった白石を〝誘わないわけがない〟……というのが騒動の根底にあったのです」

まさに一方的で根も葉もない、迷惑としか言いようのない騒動だったが、白石は白石で〝それなりにジャニヲタ〟だったせいか、広がりを恐れていたのも事実らしい。

火のついたジャニヲタの攻撃性は、彼女が誰よりもわかっていたからだ。

「幸いにも当時は乃木坂46もデビューしたばかりで、ほとんどの視聴者が〝ＡＫＢの新人メンバーさん?〟程度の興味しかなかったので、ヲタク同士が少し騒いだだけで終了しました。デビュー以来、ずっと白石の側にいる某女性スタッフによると、白石は『**あんなことでも騒がれる。もう2度と自分のアキレス腱を晒すようなことはしない**』――と誓い、8年間を通してきたそうです。ノースキャンダルの原点が女子高生時代のプリクラにあったとは、ご存じではない視聴者が大半でしょうね」

白石の根底にあった、アイドルとしての〝スキャンダルに対する警戒心〟について、そう解説してみせたフジテレビ情報番組センターのプロデューサー氏。

しかしこの時、白石の頭の中では〝もう1つのアキレス腱〟がぐるぐると駆け巡っていたという。

周囲の友人から流出したとしか思えない〝そのプリクラ〟によって――。

〝過去〟を乗り越えたポジティブなモチベーション

「白石はプリクラが流出した時、中学生の頃の体験がフラッシュバックしたそうです。仕事以外では部屋から一歩も外に出ず、電話やメールも家族にしか返さなかった。乃木坂46に入ってからこれまで〝誰よりも礼儀正しく、細やかな配慮が出来るメンバー〟と言われてきた彼女が、周囲に心配をかけてしまった唯一の時期。でもその体験を『あの頃の自分に戻りたくない』『二度と負けたくない』――とポジティブなモチベーションに替えたからこそ、今の白石麻衣があるのも事実です」

明らかに自分の友人の周囲から流出し、叩かれる材料になってしまったプリクラ騒動。

乃木坂46運営スタッフは「大した物じゃない」と一笑に付したが、当時の白石にとってショックだったのはそこではない。

そう、誰かが悪意でネットに晒したこと、〝行為そのもの〟にある。

話してくれたのは、先のエピソードでも協力してくれたフジテレビ情報番組センターのプロデューサー氏だ。

「要するに〝裏切られた〟わけですからね。運営には『有名税の一種だと思え』と言われたそうですが、引き籠るほどショックを受けたのは、中学生時代のイジメ体験が甦ったからでしょう」

群馬県で育った白石は中学1年生でソフトボールを部活に選び、同時に吹奏楽にも興味を示す活発な少女だった。

しかし突然始まったイジメに悩み、ほどなくして不登校に。

そして家族の理解と協力の下、高校からは他県に転校し、誰も知らない街で青春をやり直すことが出来たのだ。

「ご家族、特にお母さんの理解と彼女に対する愛情がなければ、彼女はそのまま群馬県で生活し、もしかすると高校をドロップアウト、あるいは進学そのものを断念せざるを得なかったかもしれません。それだけに彼女は乃木坂46に合格すると、お母さんと家族に『スターになって恩返しをするために頑張った』――といいます。それゆえに自分が生まれ変わった〝原点〟とも言える高校生時代のプリクラが流出したことは、我々が想像する以上のショックを彼女に与えてしまったのです」

先ほどのエピソードで「多くのアイドルの過去を辿ると、恵まれた幼少期、少年少女時代を過ごしている者が〝圧倒的に少ない説〟が成立する」としたが、白石麻衣もその一人だったのだ。

「アイドル界でいえば、元ＡＫＢ48の前田敦子や渡辺麻友、元ＨＫＴ48の指原莉乃らもイジメのターゲットだったし、中には元ＡＫＢ48の高橋みなみのように〝前向きすぎてイジメに気づかなかった〟メンバーもいましたが、売れっ子の大半は何らかのイジメや嫌がらせを受け、そこから這い上がるためにアイドルになった。アイドルがファンに夢や希望を与え、憧れの存在として輝けるのは〝過去の自分を乗り越えてステージに立っているから〟と誰かが話していましたが、まさしくその通りだと思います」（同プロデューサー氏）

小学生の頃から〝学園のヒーロー〟的なイメージが強いジャニーズアイドルたちも、大御所の東山紀之をはじめ、長瀬智也、滝沢秀明、小山慶一郎らは複雑な家庭環境に育ち、子供ながらに〝ハングリー精神〟を養ってきた。

元欅坂46の今泉佑唯は「学校で私の居場所はトイレの個室にしかなかった」と振り返るほどで、多感な時期に受けた疎外感に胸が痛む。

「親友と思っていた友人やクラスメートに陰口や悪口を囁かれ、アッという間にスクールカーストの最下層に落ちてしまうと、残された道は不登校しかなくなる。白石もその例に漏れず、不登校児になってしまったのです」（同氏）

ここで重要なのは、不登校の先にある〝逃げ場〟。

もし不登校児の親全員が白石家のようならば、おそらくは〝時間〟が解決してくれるだろう。

しかし現実はそんなに甘くない。

「不登校の逃げ場が〝アイドル観賞〟だった指原莉乃は、ハロプロの現場でヲタクをすることで新しい自分に出会うことが出来た。渡辺麻友は小学生の頃からネットの世界に逃げ込んだものの、そこでAKB48の動画と出会ったことが現実社会へと戻るきっかけになった。少し前の話になりますが、白石が2018年7月に出演した『アナザースカイ』(日本テレビ)で不登校の過去を告白した際、視聴者の多くは驚きと共に〝今の自分〟に対する彼女の〝満ち溢れる自信〟も感じたと聞いています。『過去を告白し、今の自分を見てもらうことが〝不登校児の光や救いになれば〟』――の想いで、彼女は番組での告白を受け入れたと後に知りました」(同氏)

中には「白石麻衣は元から美人だから、いつか立ち直れるに決まっている」などと言う方もいらっしゃるだろう。

果たしてそうだろうか?

夢を持ち、前に歩き出したからこそ、彼女の美しさは磨かれたのではないだろうか――。

白石が改革した〝乃木坂ルール〟

私には数年前までＡＫＢ48の運営会社に友人がいて、年に数回、どちらからともなく連絡を取り合っては食事に出かけていた。

もちろん友人だからといって内部情報を漏らしてもらえたわけではないが、実はＡＫＢ48の公式ライバルを〝外部に作る〟計画そのものは、すでに２０１０年の夏頃、都内の某ビアガーデンで会っていた時に彼から聞かされていた。

当時はＮＭＢ48のオーディションが開催されていて、ＨＫＴ48、ＪＫＴ48も翌年（２０１１年）秋頃のスタートに向け、水面下では最終調整が行われていたと記憶している。

東京、名古屋、大阪に次いで福岡とインドネシアに展開するのに、さらにライバルグループまで自前で結成するのか!?――当時、事情を聞いた私は、驚きと共にそう思ったものだった。

「しかも公式ライバルの募集と同時期に、ＡＫＢ48本体も13期生のオーディションを〝ＡＫＢ48初〟全国展開で行いました。札幌から仙台、東京、新潟、名古屋、神戸、広島、高知、福岡の9ヶ所で二次審査を行い、北海道から四国、九州まで受験生を集めたのです。この時、アイドル界の頂点に君臨していたＡＫＢ48と、その公式ライバルとしてスタートする乃木坂46と〝どちらを選べば良いのか？〟に志望者は頭を悩ませたでしょうね」

某乃木坂46メンバーがレギュラー番組を務めるラジオ番組構成作家氏は、「あくまでもオフレコで聞いた」オーディション当時の秘密を明かしてくれた。

「今も1期生メンバーとして頑張る中田花奈は、握手会に通うほどのＡＫＢファン。本人は２０１１年2月の〝12期生オーディション〟に挑戦して不合格になったものの、その半年後には乃木坂46合格で即座にリベンジ。ＡＫＢ12期生には世間的に名前が知られているメンバーもいませんし、彼女は乃木坂を選んで大正解でしたね」

また星野みなみに至っては〝双方のオーディションに合格していた〟と言われているが、先のＡＫＢ48運営の友人によると、裏事情はこうらしい。

「ぶっちゃけ秋元先生サイドからの打診で、星野は乃木坂46オーディションに途中から移行した。もちろんデビュー曲の良ポジも約束されてね」

言われてみれば、デビュー曲の選抜発表まで『乃木坂って、どこ?』でも〝埋もれていた〟星野が、いきなりの七福神。それも生駒里奈、生田絵梨花とトライアングルでフロントを任されるなど、誰も想像していなかっただろう。

「ところで中田が受けたAKB12期生オーディションの募集は2011年2月、乃木坂1期生のわずか5ヶ月前の話です。この時、彼女は16才の高校1年生でしたが、タイミング的に中田の2学年上のお姉さんたちにとっては、高校卒業のこの時期にオーディションを受けるほうが、すでに進学や就職で新生活を送っていた2011年7月にオーディションに応募するよりも自然とは思いませんか?」

12期生オーディションに限らず、前年の7月、白石たちが高校3年生の夏休みに開催された〝11期生オーディション〟のほうが、仮に彼女たちがアイドル志望であれば真っ先に選択肢に上がったはずだ。

「つまり彼女たち92年組メンバーは〝どうしてもアイドルになりたい〟わけじゃなかったのです。音楽専門学校でオーディションを勧められた白石、美術大学に通う苦学生で〝ロケ弁目当てに応募した〟と言われる橋本、看護大学を目指す浪人生だったのに〝成績が悪くて別の道を探すしかなかった〟松村。すでに地方アイドルで芸能活動をしていた衛藤以外の3人は、アイドルとはまったく無縁の将来像を描いていたし、実際にAKB48の11期生、12期生オーディションには見向きもしていなかった。だからこそ彼女らが〝AKB48の公式ライバル〟の道を選んだことが不思議でなりませんでした」

かつて白石は――

『私たちは正統派の王道アイドルになりたい子ばかりじゃなく、モデルや女優、いろんな仕事に興味を持っているメンバーが集まった。私自身、乃木坂がAKBさんみたいに毎日劇場公演をするグループだったら、怖くてオーディションを受けていなかったと思う』

――と語り、笑いながら、

『そうなりたいならAKBさんを受けてましたよ。そもそも歌と踊り、ど下手なんですから』

――と正直に明かしたことがあるという。

しかし、先のラジオ番組構成作家氏によると、

「それはきっと、後付けの理由なのでは」

――と言う。

「実は僕と一緒に仕事をしているメンバーに言わせると、お見立て会や『プリンシパル』のようにメンバー間で順位を付けられてしまうイベントを『まいやんはとにかく嫌がってる。乗り気じゃない』――と聞いたからです。最初は〝身内での争い事が嫌い、あるいは苦手なのかな？〟と感じたそうですが、ある時、何と『それは結局、AKBさんの総選挙と同じじゃないですか』――と、スタッフに噛みつく白石の姿を見たというから驚きですよ」

そう、白石がAKB48のオーディションに見向きもしなかった理由――それは総選挙のような順位付けイベント、さらにはメンバー個々の売り上げが晒される握手会を避けたかったからなのだ。

とはいえデビューすれば、乃木坂でも握手会が開催されることは想像出来たはずだ。

「ただし握手会に関しては役割や重要性を十二分に理解していますし、決して握手会を〝やりたくない〟わけではないそうです。実際、個別握手会には参加しなくても、1日の拘束時間が長くなる全国握手会には参加しますからね」

その上で人気メンバーが〝個別握手会免除特権〟の行使を選択出来るようになったのは、白石が先鞭をつけてくれたからに他ならない。

『自分の人気や握手券の売り上げを気にしているんじゃありません。
順位の悪い子、売り上げの悪い子が晒されるのが嫌なんです。
何もしなくたって順位や序列は付いてしまうものなのに、
わざわざ運営が強制的に付けるものでもないんじゃないか?
誰も言えないなら私が言うし、
私が握手会を辞退することに続きたいメンバーがいれば、
それはそれで改革に繋がると思う。
ＡＫＢさんでは通らない意見でも』〈白石麻衣〉

決して〝自分のため〟だけではない行動力。

なるほど、白石が「ＡＫＢさんのオーディションには興味がない」理由が明確にわかると同時に、卒業した深川麻衣が〝聖母〟ならば、白石麻衣は乃木坂46のルールを改革した〝ジャンヌダルク〟――そう呼びたい気分にさせられるではないか。

それはおそらく、白石の「仲間（メンバー）を守りたい」想いから出た行動なのだろう。

こうした白石の勇気ある行動で、乃木坂46は〝現在の乃木坂46〟へと次第に変革を遂げていったのだ。

『伝説のひと吠』――〝レジェンド白石麻衣〟誕生の瞬間

今年は2月21日から24日までの4日間、ナゴヤドームで開催された『乃木坂46 BIRTHDAY LIVE』。

ファンの間では通称〝バスラ〟と呼ばれるこのコンサートは、真夏の全国ツアー、アンダーライブと共に、乃木坂46を象徴する〝看板イベント〟の一つだ。

〝バスラ〟のスタートは2013年、1周年の会場は幕張メッセイベントホールだった。

2周年は横浜アリーナ、そして3周年は西武ドーム（※現メットライフドーム）と続き、以降は明治神宮野球場、さいたまスーパーアリーナ、明治神宮野球場と秩父宮ラグビー場でのシンクロライブ。

去年は4日間開催の最終日に西野七瀬卒業コンサートを組み込み、大阪出身の西野にとって、地元・京セラドーム大阪での最高の卒業コンサートになった。

〝BIRTHDAY LIVE〟のタイトル通り、当初3年目まではCDデビュー日の2月22日を外さずに行われてきた。

ところがその3周年をきっかけに乃木坂46がブレイクの階段を駆け上がり、会場の規模と開催日程がファンの総数に追いつかない。そこで明治神宮野球場での4周年は真夏の全国ツアーのフィナーレとして、一気に3日間の開催へと拡大されることに。

5周年はさいたまスーパーアリーナのスタジアムモード(3万3千人収容)、6周年のシンクロライブは明治神宮野球場と秩父宮ラグビー場、隣接する2会場での3日間同時開催。さらに7周年からはドーム球場での4日間と、このイベントは紛れもなく乃木坂46の活動の〝要〟へと存在感を高めた。

「バスラは周年を祝う以外にも、橋本奈々未と西野七瀬の卒業コンサートが組み込まれたり、メンバーとファンに強い節目を感じさせるイベント。また一方では周年記念のお祝いイベントでもあるので、他のどのコンサートよりも一体感が生まれます。これまでに2回、会場が押さえられずに2月22日以外に開催されましたが、そのどちらも始まってしまえば、いつものバスラと同じ。メンバーとファンが一体となって、会場全体が〝乃木坂色〟に染め上がるのです」

かつて某アイドル誌で乃木坂46担当だったライター氏は、このバスラについて、

「すべてはあの年の〝あのセリフ〟がなければ、バスラがここまで特別なライブになっていなかった」

――と振り返る。

ファンの皆さんの多くは、今、同じことを思い浮かべているのではないだろうか。

そう、白石麻衣が初めて吠えた〝あのセリフ〟のことを――。


『3周年だから2015年、まだ丸5年しか経ってないんですね。

気分だけは10年前の出来事ですよ。

今年でバスラは8周年だから計算が合わないけど(笑)。

映画のお仕事とはいえ、バスラをすべて休演するのは初めて。

でも心配はしてませんし、心の中で西武ドームのように吠えて応援します』〈白石麻衣〉

残念ながら今年は、生田絵梨花と共にバスラを全休した白石麻衣。

当初、バスラの申し込みが始まった際、2人の休演にはガッカリさせられたものの、逆に2人がいないバスラを齋藤飛鳥以下がどう盛り上げてくれるのか?……新たな楽しみが生まれた。

1期生から4期生までがどんな化学反応を見せてくれるのか、ワクワクして仕方がなかったのだ。

「念のために3周年バスラについて振り返っておくと、西武ライオンズの選手でさえ逃げ出す極寒の西武ドームで全68曲、7時間半のライブを行った乃木坂46のメンバーは、フィナーレでは全員意識がどこか遠い星に飛んで行ってしまったんじゃないか?……と思えるほど〝ナチュラルハイ〟の状態でした。限界を超えたアイドルの底力というか、彼女たちの潜在能力をまざまざと見せつけられた最高のライブ。それはメンバーのポテンシャルを最大限以上に引き出した〝白石のひと吠え〟があったからとも言えるのです」(乃木坂46担当ライター氏)

それまでの白石といえば、結成当初からご三家の一人として乃木坂46〝ルックス部門〟を代表する存在。

今回の卒業発表に際し、生駒里奈が自身のInstagramストーリーで——

『乃木坂の美しさは貴女だと思っています』

——と綴ったように、結成当初から〝決して乱れない美の象徴〟の立場を貫いていた。

「どんなライブでも自分のスタイルを崩さず、イメージをとても大切にする〝クールビューティー〟の役割でした。その彼女が初めて自分の想いを言葉にして、吠えた。メンバーもファンも、その〝サプライズ〟に燃えないわけがない」(同ライター氏)

わずか数秒、一瞬の叫びが西武ドームの空気を支配した——。

『今、私は燃えています！
みんなで燃えて、熱くなっていきましょう‼』

白石の美しいルックスは、その言葉の通りに紅潮し、まさに燃えているように見えた。まさに彼女の新たな魅力が引き出された瞬間であり、さらにその言葉に触発されたキャプテンの桜井玲香も、フィナーレで高々と声を張り上げた——。

『絶対に皆さんを後悔させないグループになります。
どこのグループにも負けないグループになる。
だからずっとずっと、乃木坂のことを愛し続けてください！』

いくら白石がきっかけだったとはいえ、桜井が発した強烈な〝ＡＫＢ48打倒宣言〟は、スタッフを慌てさせたらしい。

「いくら西武ドームを満員にしていても、相手はその年、史上初の女性アイドルグループ5大ドームツアーをやってのけた、ピークのＡＫＢ48。乃木坂はせいぜい〝ＳＫＥ48を倒せるかどうか〟ぐらいの見方しかされていなかった頃ですからね」（同ライター氏）

それにしてもわずか数秒のセリフで会場を支配し、乃木坂46の〝運命〟そのものを引き上げてくれるとは。

間違いない、白石麻衣こそが、真の〝レジェンド〟に相応しい――。

素顔の白石麻衣

2nd Chapter

パイオニアとしての宿命

Mai Shiraishi

生駒と白石の間に生まれた〝絆〟

白石麻衣と生駒里奈――この先、たとえ齋藤飛鳥が単独センター回数の記録を作ろうとも、たとえ山下美月と与田祐希の2トップ時代が幕を上げようとも、たとえ遠藤さくらと賀喜遥香が引っ張る4期生が台頭しようとも、この2人がいなければ乃木坂46がアイドル界の頂点に君臨することはなかった。

それだけはハッキリと断言することが出来る。

もちろん2人以外にも1期生には西野七瀬、生田絵梨花、そして齋藤飛鳥らのセンター経験者が並び、頼もしい後輩たちもいる。

だがデビュー曲から5作目まで単独センターを務めた生駒里奈と、乃木坂46〝美の象徴〟と称され、常に一番人気を張り続けた白石麻衣は、同期の1期生の中でも別格なのだ。

ここで話を聞かせてくれるのは、テレビ東京『乃木坂工事中』制作スタッフ氏だ。

「彼女が同期の中でいかに特別か――それがハッキリとわかったのが、2月2日にオンエアされた〝卒業シングル選抜メンバー〟の発表でした。これまで選抜に選ばれなかった、ポジションを落とした……などの理由で涙を溢すメンバーはたくさんいましたが、今回の発表では〝まいやんの卒業シングルを近くで歌えること〟に感激し、白石以外の1期生、10名の大半が涙を溢したのです。そんなこと、これまでにただの一度もありません」

36名の合格者からスタートした乃木坂46の1期生も、25ｔｈシングルの発売日時点では11名に。

ここから白石、そして卒業の意思を明らかにしている井上小百合がいなくなれば、あの〝奇跡の1期生〟たちもいよいよ残り1ケタの9名になってしまう。

「アイドルグループの場合、そのグループの核、歴史を作ってきたメンバーがいなくなると急激に弱体化することは、ＡＫＢ48をはじめとしてたくさんのグループが逆説的に〝証明〟してきました。そうならないために必要なのが世代交代ですが、それも急いでは失敗するだけ。乃木坂はその点では上手く運んでいると思いますね」

〝世代交代〟ではないが、乃木坂46の場合、かつて〝センター交代劇〟でちょっとした事件が起こっている。

「それまではＡＫＢでいえば前田敦子並みに〝絶対的センター〟だった生駒里奈が、遂にセンターから降ろされた６ｔｈシングルの選抜発表でした。生駒をその座から引きずり下ろしたのは白石麻衣。その裏には画面には映らないドラマが存在していたのです」

自分よりも３才年下の生駒について、当時の白石は――

『乃木坂46がスタートした頃、秋田から上京したての生駒ちゃんは、いつも泣いてばかりでした。上京して独り暮らしをするだけでも不安なのに、〝センター〟というポジションを与えられたことで責任や使命も果たさなければならない。もちろん私には想像がつかないほどのプレッシャーも。生駒ちゃんはメンバーの誰よりも乃木坂46を背負っていた』

――と感じながら、そのか細い肩と背中を見つめていたという。

「デビュー翌年、2013年7月に発売される6thシングルの選抜発表が行われたのは、まだ番組が『乃木坂って、どこ?』の頃で、確か4月中の収録日でした。それまで1列目の福神メンバーだった星野みなみが3列目で呼ばれた瞬間、メンバー全員が〝何かが変わる〟モヤモヤした気持ちになり、それが確信に変わったのが福神からは落ちなかったものの、生田絵梨花が2列目で呼ばれた時。もし誰かが生駒からセンターを奪うなら、それまでの乃木坂の楽曲の雰囲気から〝生田しかいない〟と思われていましたからね。何かが変わるモヤモヤは、ここで確信へと変わったのです」

〝生田でなければ誰なのか? やっぱり生駒のままなのか?

……いや違う、お姉さん組にも相応しいメンバーがいるではないか〟

そして2列目の中央ポジションで生駒の名前が呼ばれる。

「ご三家3人とも名前を呼ばれていなかったので、生駒が2列目で呼ばれた瞬間、3人がフロントに並ぶことが決まりました。それでも笑顔を作るほど気丈に振る舞い、2列目のポジションに入った生駒でしたが、バナナマンから感想を振られて答えた直後、過呼吸のような症状でその場に倒れてしまったのです」

あれほど逃れたかったプレッシャーから解放されたのに、込み上げる想いは安堵ではなく、〝降ろされた〟ショックしかなかったのだろう。

「16人目、センターで呼ばれた白石は、それまでの選抜発表で見せたことがない大粒の涙を溢しました。2列目から生駒の背中を見守るポジションから、見守られるポジションに。そしてそのポジションだけではなく、プレッシャーをも引き継がなければならないことに気づいたのでしょう」

後に生駒はこのセンター交代劇と白石について、こんなセリフを残している——。


『『ガールズルール』はすごく素敵な曲で、まいやんのお陰で乃木坂がめちゃめちゃオシャレになりました。

どちらかといえば私、マイナー調の曲が合うから（苦笑）。

でも悔しくて倒れちゃったんじゃなく、本当は〝ホッとした〟から自分でも驚きです。

それよりも5ｔｈの『君の名は希望』と6ｔｈの『ガールズルール』、私とまいやんのバトンタッチの曲がファンの皆さんに愛されていて、今でも上位人気なのは嬉しいですね。

一番嬉しいのはあの交代で、私とまいやんの間に強い絆と信頼感が生まれたこと。

〝もし『ガールズルール』のセンターが私だったら、まいやんと絆が作れたかな？

もっと早く卒業していたんじゃないかな？〟……って、たまに考えますよ』

一方の白石も――

『生駒ちゃんからはポジションだけではなく、
しっかりと気持ちも受け取りました。
正直、私は社交的じゃないし、目立つのも苦手だし。
それでも頑張れたのは、生駒ちゃんの想いも背負っていたから』

――と言う。

センター生駒里奈からセンター白石麻衣へ――

白石自身も、そして乃木坂46も、この瞬間に大きく生まれ変わったのだ。

〝2代目キャプテン真夏〟への信頼感

乃木坂46最終オーディションに参加した50数名の多くが、「私は無理でもあの子は絶対に合格する」

――と確信したメンバーが〝2人〟いるという。

それだけを聞くと単純に「そりゃあ2人のうちの1人は白石麻衣に決まってる!」と思ってしまうが、実はそうではない。

白石本人も自虐的に――

『私、圧倒的にダサかったもん。

しかも踊れなかったし。

無理無理』

――と首を振るように、名前が挙がった上位メンバーに白石は見当たらない。

圧倒的な支持を集めた2人、それは奇しくも初代と2代目のキャプテン、桜井玲香と秋元真夏だった。

「2人は合格者発表の暫定選抜でもフロントに選ばれました。桜井はパフォーマンスのレベルやゴージャスな雰囲気が〝すでに芸能人オーラに溢れていた〟といいますし、一方の真夏は〝審査員にめちゃめちゃ気に入られていた。笑顔とトークが抜群〟と、後に〝握手会の女王〟に上り詰める片鱗を見せていたそうです」

話してくれたのは、日本テレビ『NOGI-BINGO!』シリーズ制作スタッフ氏だ。

「『NOGI-BINGO!』がシリーズとしてスタートしたのは2014年の1月クールでした。その前年の2013年7月クールには、ほぼ同期にあたるHKT48との冠番組バトルを行うなど、まだまだトップアイドルにはほど遠いポジション。また〝先輩〟の指原莉乃とは因縁があるので、むしろHKTよりも〝格下〟扱いするメディアもいたぐらいです」

2013年7月クールといえば、ちょうど先ほどの『ガールズルール』発売に重なる。

それにしても当時の乃木坂46を格下扱いしたメディアは、後に真っ青になったに違いない。

「古いファンの方は覚えていると思いますが、毎週、乃木坂とHKTの双方が30分ずつ番組をオンエアし、審査員役の著名人が勝敗を決め、勝った側が翌週の優先放送権（※前半30分でのオンエア）を得るというもの。結果的には10勝10敗の出来レース丸出しの結果で終わりましたが、その対決で最もムキになっていたのがキャプテンの桜井でした」

白石によると――

『（舞台裏では）とにかく玲香が張り切っていて、まるで何かに突き動かされるかのように、『絶対にHKTには負けない！』――と、みんなのお尻を叩いていた』

――そうで、

『正直に言うと、そのガツガツしたノリにはついていけないメンバーも多くて、入ったばかりの2期生が見学に来た時は怖がってた』

――らしい。

「乃木坂は〝清楚なお嬢様系〟のイメージが強かったので、余計に目を丸くしたのでは。よく白石に『玲香、お嬢様の自分を忘れてるよ』――と耳打ちされたそうですから」（『NOGI-BINGO!』シリーズ制作スタッフ氏）

桜井はかつて、白石についてこんな風に語っていたという――。


『まいやんは本当に〝全方向に目があるんじゃないか?〟っていうくらい、メンバーのことを見ていてくれるんですよ。

私が気づかずにスルーしたことはすぐに注意してくれるし、何回もフォローしてくれたし。

でも本当は、そういう気の張り方は苦手な人だと思うんです。

だからこそ感謝するしかないし、「早くちゃんとしたキャプテンにならなきゃ!」――と思わせてくれる人だった』

卒業が決まった際、桜井は乃木坂46運営に〝複数のキャプテン候補を推薦していた〟という。

「名前は出しませんが、驚いたのは2期生や3期生のメンバーを推薦したことです。同時に『まいやんをもっと楽にしてあげてください』――とも訴えたとか。外仕事、個人仕事が誰よりも多い白石だけに『乃木坂内部での負担は増やさないで欲しい』――と」

そんな桜井の推薦は叶わず、2代目キャプテンは秋元真夏に。

当時、運営は白石と松村を呼び出し、〝2代目キャプテンは誰がいいか？〟を尋ねたという。

そこで2人揃って即答したのが〝秋元真夏〟の名前。

卒業していく元キャプテンより、現役でグループを引っ張るメンバーの意見が優先されたようだ。

「桜井よりも白石や松村の意見のほうが〝正しい〟と言うつもりはありません。スタッフの間で2代目キャプテンについての投票を行っても、ダントツで真夏が1位でしたからね。僕らから見ればこちらのほうが規定路線。桜井が2期生や3期生を候補に挙げたのは、この先何年もキャプテンを任せたいからでしょう」

いずれにしても2代目キャプテン・秋元真夏がまとめる乃木坂46は、白石卒業のダメージをどれだけ軽減させられるか？――それが大きな命題になるだろう。

『真夏をキャプテンに推薦したのは、私もまっちゅんもそれが正しいと思ったから。
真夏は人の懐に飛び込むのが上手いし、悩みをちゃんと聞いてあげられる。
玲香の時代は玲香がキャプテンで本当に良かったと思うし、
真夏は真夏で、もう素晴らしいキャプテンになっています。
私が卒業を心置きなく決められたのは、
〝キャプテン真夏の乃木坂〟に何の不安も感じないからですよ』〈白石麻衣〉

立つ鳥跡を濁さずではないが、白石麻衣が〝立つ鳥後悔を残さず〟の心境になれたのは、秋元真夏の存在が何よりも影響しているからだろう。

白石と生田、2人の間にある〝特別な〟関係

乃木坂46史上最長、唯一にして無二の〝デビュー曲から25曲連続福神入り〟を達成した白石麻衣。

「本人はそんな記録など〝どうでもいい〟と思っているでしょうが、デビュー曲からの連続記録を塗り替えることは、もう誰にも出来ません。ちなみに2位の記録は橋本奈々未の16曲連続で、さすがご三家は違いますね」

テレビ東京『乃木坂工事中』ディレクター氏は「たぶん、本人が明かすことはないと思いますが……」と前置きをして、

「25thシングルの選抜とフォーメーションは、白石の意見がほとんど採用されているんです」

――と言う。

「ファンの皆さんならばだいたいの想像はついたと思いますが、1期生全員を選抜に選ぶことは運営側の意向でもありました。そして3列目の後輩たちは〝白石と特に仲が良いメンバー、将来を期待しているメンバー、次の乃木坂46を託せるメンバー〟が選ばれています」

25thシングルのメンバー22名、十一福神については他のエピソードでも触れていきたいと思うが、実は今回のフォーメーションで最も肝になっているのは、白石の両サイド。

かつての〝生生星〟ポジションに入った生田絵梨花、松村沙友理なのだ。


「厳密にいえばデビュー当時のトライアングルフロントではないものの、上手側（※向かって右）に松村、下手側（※向かって左）に生田が並ぶ立ち位置も白石の指定です。飛鳥とみなみもフロント5人に含まれてはいても、いかに生田と松村が特別な存在か、白石は隠そうともしませんでした」

白石麻衣にとって、今の乃木坂46メンバーの中で特別な存在の2人――。


『何回も同じことを外の人に話したりしてるんですけど、生ちゃんの才能については嫉妬したり羨ましいと思ったり、そんな感情すら沸いてこないんです。

それはもう、〝本物の凄み〟をまざまざと見せつけられたからで、しかもまた性格も天然で嫌味がなく、自分の才能を鼻にかけることもない。

さらにさらに！ 自分自身に対して絶対に妥協しない強さを持っている。

本当、どうしたらあんなパーフェクトな子が生まれるんでしょ』〈白石麻衣〉

白石麻衣が口にすると、その言葉には重みが出る。

生田絵梨花に対するこの評価は、間違いなく最高や最上を超越するものではないか。

「『これまで口にしたことはないけど』……と、白石が照れくさそうに話してくれたのは、何と生田の主演ミュージカルを『実はほとんど観ている』――というエピソードでした。しかも生田やスタッフに頼んで手配してもらうのは〝最終手段〟で、基本的には『自分で予約をする』といいます。もちろん生田にチケットを頼んでもチケット代は払うでしょうが、しかし生田にしてみれば自力で取ってくれたほうが何倍も嬉しい。共演の役者さんやスタッフさんに『まいやんがわざわざ自分で取ってくれたんですよ！』――と言い触れ回っているのが、何よりの証拠です」

常日頃から白石は――

『生ちゃんの辞書には〝妥協〟という言葉がない』

――と〝尊敬〟しているからこそ、〝妥協のない作品を観てみたい〟のだ。

『生ちゃんのセリフで凄い印象的だったのが、
あるメンバーがコンサートのリハーサルでダメ出しを出されまくって泣いていた時、
私の隣で――
「泣いて上手く出来るなら、私なんか三日三晩泣き続けるよ」
――とポツリと溢したセリフです。
いつも自分を追い込んで、自分一人で苦しむ生ちゃんを見ていたから、そのセリフが突き刺さった。
〝そうか、実は生ちゃんにもどうにもならない時があって、
そんな神頼み的なことを考えることもあるんだ～〟って。
その時から、私の中で一方的に〝人間・生田絵梨花〟にますます興味が湧いたんですよね』

白石の言う〝人間・生田絵梨花に対する興味〟には、パーフェクトなパフォーマンスや己に対する厳しさ、愛すべき性格、それらすべてが含まれている。

それまでは「たまに近寄り難い場面もあった」という生田だが、本音を知れば知るほど、彼女の魅力に惹きつけられたのだ。

『すごく嬉しかったのが、
前に生ちゃんのミュージカルを観た後、楽屋で、

「凄く良かった！　もう尊敬の一言しかないよ」

――と感想を言ったら、生ちゃんが、

「ありがとう。でもきっと私のほうがまいやんを尊敬してると思うよ」

――と、笑顔で返してくれたことです。

〝これからも生ちゃんに「尊敬している」と言われる自分でいよう〟――と、
そんなモチベーションをもらえるセリフでした』〈白石麻衣〉

この関係は白石が卒業し、いずれ生田も卒業した後も続くだろう。

いや、続くに違いない――。

〝ザ・盟友〟――松村沙友理

白石麻衣にとって、今の乃木坂46メンバーの中で特別な存在の2人。

それが彼女自身が組んだと言われる25ｔｈシングルの選抜フォーメーションで、センターの白石の左右を固めるメンバーだ。

続いては向かって右、松村沙友理について触れていきたいと思う。

『いろいろと批判はあったというか今もあると思うし、
私もまっちゅんには〝許せない〟というよりは〝ガッカリした〟が本音です。
でも都合の良い言い訳に聞こえるかもしれないけど、
まっちゅんはまっちゅんの出来るすべてで反省したし、
私は乃木坂46の仲間を見放したくない。
やり直すチャンスを与えるというより、
無理矢理にでもやり直しをさせることが、一種の愛のムチでもあるから。
辛いですよ?……皆さんにお詫びするために表舞台に立つのは』

この言葉を捻り出すため、白石は頭の中で何度も何度も推敲を重ね、ようやく自分のセリフとして口にすることが出来たという。

話してくれたのは日本テレビ『NOGIBINGO!』シリーズのプロデューサー氏だ。

「あの時、グループとして登り調子の乃木坂は、少しでも対応を間違えると存続のピンチでした。何せこの年、後に乃木坂にとっての〝聖地〟となる明治神宮野球場で、初めてのライブを成功させた直後だったのですから」

確かにタイミングとしては最悪に近い。

しかもコンサートは大成功で、休業中の生田絵梨花が10ｔｈシングルの単独センターで復帰する発表もあり、祝福ムードで一杯。

ファンはまさに冷水をぶっかけられた気分だろう。

「あの〝文春砲〟はさすがに強烈でしたし、しかも松村の自宅マンション前でディープな路チューを交わした相手が、大手出版社勤務の妻子持ち編集者。ファンが〝モデルの仕事を始めた松村が現場で知り合った編集者と不倫した〟と思い込んだのもやむを得ません」

文春砲を喰らった直後、松村はレギュラーを務めていたラジオ番組の生放送に出演。

お相手とは仕事現場ではなく本屋でナンパされたこと、テレビアニメやマンガの話しかしなかったこと。妻子持ちはもちろん、何の仕事に就いているかも知らされず、路チューはかなり酔っていたので覚えていない……などと釈明した。

『ファンの人、特にまっちゅんのファンの人以外は、そんな話を信じてくれませんよね。

実際、メンバーの間でも〝何対何〟の割合かは言えませんが、意見は分かれました。

私も悩んだり迷ったり……。

でも〝仲間が信じてあげなくて誰が信じてくれるのか?〟——

最後はそこに辿り着くしかないんですよ』

——ここで白石の、冒頭のセリフが効いてくる。

『私は乃木坂46の仲間を見放したくない。
やり直すチャンスを与えるというより、
無理矢理にでもやり直しをさせることが、一種の愛のムチでもあるから』

——この言葉通り、松村は文春砲から1年半、超人気メンバーの一人でありながら福神からは外され続けた。

『ポジションをどれだけ落とそうとも、
ファンの皆さんの前では笑顔でステージに立たなければならない。
そんな自分の耳に届く、聞こえてくるのは、決して声援ばかりではない。
もし私がまっちゅんの立場だったら、辛くて乃木坂を辞めていたと思う。
どんなことにも笑顔で立ち向かい、決して気分で逃げたりはしない。
そんなまっちゅんを尊敬するのは当たり前だし、
今は心から〝盟友〟と呼べるメンバーの一人ですね』〈白石麻衣〉

〝盟友〟とは互いに夢を語り合い、固い絆で結ばれた〝同志〟のこと。

白石が松村を〝盟友〟と意識し始めてから、まだ4年ほどの月日しか流れていない。

乃木坂で描いた、盟友との夢の続きは、卒業後に踏み出す〝新たな一歩〟と共に刻もうではないか――。

西野七瀬との〝絶妙な距離感〟

ＡＫＢ48の〝公式ライバル〟としての存在感を乃木坂46が発揮し始めた２０１５年、着実に力をつけていたメンバーたちを大きな衝撃が襲った。

まさか「ＡＫＢさんと違って自分たちには無関係」と思い込んでいた姉妹グループ、その名も〝鳥居坂46〟のオープニングメンバー（※１期生）募集が公表されたのだ。

『ウチの、乃木坂46の3期生募集がそろそろ始まるかも……みたいな空気はみんな感じていましたが、まったく別のグループが出来るなんて、さすがに冗談かと思いました。

AKBさんにはSKEさんやNMBさんがいますけど、それは東京のAKBさんに対して、名古屋のSKEさん、大阪のNMBさんと、新幹線で1時間半、2時間半も離れた場所に本拠地があるから、まったく別のカラーや特色を出せている。

でも新聞見ました?

乃木坂と鳥居坂って400mしか離れてない。

そんな近くに新しいグループ、必要なんですかね(苦笑)』

――当時そう語っていた白石。

白石麻衣ほどのメンバーですらプチパニックに陥るほど、当時の乃木坂46にとって姉妹グループの誕生は青天の霹靂に他ならなかったのだ。

念のために解説しておくと、鳥居坂46は最終オーディション当日に〝欅坂46〟に改名している。

「それは彼女も言っていたように、順番として乃木坂3期生の募集が先、つまり姉妹グループが出来るよりも〝乃木坂を強化したい〟気持ちのほうが強いからですよ。自分たちが大ブレイクの風に乗れば、そんな自分たちに憧れて多くの才能が集まる。それなのに欅坂を作ることで、本来ならば乃木坂に入る才能が分散してしまいますからね」

後に『欅って、書けない?』を担当するテレビ東京プロデューサー氏は、この当時、メンバーの少し面白い素顔を垣間見ることが出来たという。

「白石や生駒が『新しいグループよりも3期生を』──と、乃木坂について危機感を感じていたのに対し、西野七瀬は達観していたというか、『発表してしまったから変わることはない。後輩が出来たら負けないように頑張るだけ』──の意見を発していたんです。この当時は西野が単独センター、Wセンターで頭角を現していましたから、その個人の勢いが自信に繋がるシーンを見たというか、かなり印象的なシーンでした」

白石麻衣と西野七瀬──

生駒里奈からセンターのバトンを受け取った後、斎藤飛鳥が台頭してくるまでは、確かにこの2人を中心に乃木坂46が動いていた。

『なーちゃんは本当に一人静かに闘志を燃やす人だったので、かずみん（高山一実）やスイカのメンバー（川後陽菜 斉藤優里 伊藤かりん 伊藤純奈）以外とは、あまりつるんでいるところを見たことがないんですよね。

もちろん普通に会話もするし、乃木坂を良くするために意見も交わしましたけど。

ただ私から見れば、なーちゃんとはその〝微妙な距離感〟があったからこそ、お互いに尊重し合って、切磋琢磨することが出来たんじゃないかと思ってるんですよね。

もし私となーちゃんがプライベートでも一緒に行動するような関係だったら、Wセンターもギクシャクしちゃっていた気がします』

白石の言う、この〝いい関係を作るための距離感〟は、後に欅坂46、ひらがなけやき時代も含む日向坂46に対しても同様だったようだ。

「今年の1月に脱退してしまいましたが、欅坂46には〝平手友梨奈〟という象徴が生まれ、結成当初から強烈な個性を放ちました。またデビューのためにひらがなけやきから改名した日向坂46には、乃木坂にも欅坂にもない、ほのぼのとした空気感と太陽の暖かさが漂っている。そのどちらとも距離感を保つことで、『**自分たちを〝乃木坂46の姉妹グループ〟と思わせず、伸び伸びと自分たちの道を突き進んで欲しい**』——のが、先輩としての白石の〝見守り方〟だったのです」

前章（1st Chapter）でお話ししているが、白石は卒業前の〝わがまま〟として、欅坂46、日向坂46との紅白ステージ共演を望み、そして自らの単独センター曲『シンクロニシティ』でそれを叶えた。

『単純に嬉しかったのと、

〝妹たち〟がそれぞれのカラーをちゃんと持てていることが頼もしかったですね。

私が卒業した後、彼女たちがライバルに成長するのは間違いないので、

今度はテレビの向こうのファンの一人として、ワクワクしながら見守りたいと思います』

そう言う白石の表情は、まるで菩薩のように優しい顔をしていたそうだ——。

Mai Shiraishi

素顔の白石麻衣

～アイドルの衣を脱ぐ時～

白石麻衣フレーズ

『たとえば乃木坂がＡＫＢさんみたいに、
毎日公演をする劇場を最初から持っていたら、
私はオーディションを受けなかった。
だってそれなら、ＡＫＢ48を受けたほうがいいですよね？
２０１１年なんてＡＫＢさんが大ブレイクしていた時なんですから（笑）。
それでも乃木坂を選んだのは、運命に導かれたとしか思えない』

白石麻衣が今だからこそ振り返ることが出来る、オーディション時の気持ち。なぜ自分は乃木坂46のオーディションを選んだのか？……〝すべては運命が導いた〟としか答えようがない。

『アイドルの活動だけでは気づかなかったことを、
ソロの活動では気づかせてもらえる。
それは私に限らず、ソロ活動の経験があるメンバー、
全員が感じていることだと思います。
だからこそ私は、まだソロ活動をしたことがないメンバーにも、
ソロのお仕事が回るようになって欲しいんです。
そのためには私や生ちゃん、七瀬、まっつんたちが、
〝乃木坂って使えるね〟と思って頂けるように頑張ること。
私たちが結果を出したり可能性を感じてもらえるようにならないと、
きっと〝やっぱり乃木坂はアイドル止まりだな〟……で終わっちゃうから』

常に自分のことだけでなく〝乃木坂のため〟を想っていた白石。

自分だけが売れても〝乃木坂の将来はない〟ことを現場で痛感しているからこそ、彼女は〝メンバーみんなのために〟頑張る道を選んだのだ。

『どれだけ嫉妬しても無駄というか、
世の中には嫉妬する〝意味がない〟と思い知らされるほど、
圧倒的な才能があることに気づかされましたね。
本当、生ちゃんに嫉妬するのは単なる時間のムダですから』

白石が圧倒された生田絵梨花の〝決して妥協しない〟姿勢と、〝人知れぬ努力〟。「生ちゃんの辞書にはきっと〝妥協〟という言葉がない。私なんかトータルで考えて得なら、すぐに妥協しちゃう」――と言う白石。彼女は生田の姿から〝プロフェッショナル〟としての矜持を学んだのだ。

『本当の私は〝暗いくせにプライドが高くて負けず嫌い〟
……のダメダメな人間だけど、
私はまっちゅんこそが〝誰よりも負けず嫌いな人〟だって知ってる。
だからあの時に辞めなかったんだし、
本当はセンターだって諦めてないのも知ってる』

〝ザ・盟友〟松村沙友理について語る白石。そんな松村だからこそ、白石は信じ、彼女のことを認めた。2人の間に築かれた固い絆は、白石が卒業してからも続くだろう。

Mai Shiraishi
素顔の白石麻衣
～アイドルの衣を脱ぐ時～

素顔の白石麻衣

3rd Chapter

センターを託す者たちへ

Mai Shiraishi

〝乃木坂46のパイオニア〟としての責任

AKB48は東京・秋葉原に常設の専用劇場を展開している。1年365日の大半、この場所ではTeam AからK、B、4、8の正規5チームと研究生（※所属人数による）、さらには柏木由紀がセットリストを構成し、メンバーを人選してスタートした『僕の夏が始まる』公演など、何らかの演目が約250人収容の劇場で上演されている。

またAKB48で劇場オリジナル公演が与えられているのはTeamA、TeamK、TeamBのみ。さらにTeam Aには7演目、Team Kには5演目、Team Bには3演目、以上15演目の劇場オリジナル公演も存在している。

「そのTeam Aの6番目、Team A 6th『目撃者』公演の16曲目に『Pioneer』という曲があります。この公演がスタートしたのは2010年7月27日で、AKB48の5周年まで4ヶ月強でしたが、何回かのチーム編成と卒業によって、この時のTeam Aに所属していたTeam Aオリジナルメンバーは高橋みなみ、小嶋陽菜、前田敦子の3名のみ。ちなみに篠田麻里子もこの時のTeam Aメンバーでしたが、彼女は劇場オープンから1ヶ月半ほど遅れて加入したので、厳密に言えば歌詞の〝22粒〟のメンバーではないのです」

いきなりAKB48の話が、それも少々ボリュームがありそうで戸惑っている方もいらっしゃるだろうが、今しばらくおつき合い願いたい。

「ある時、まいやんが僕に『秋元先生って、その期の歌を書くのがお好きですよね。AKBさんも勉強してみたら『Pioneer』『RESET』『初日』とか、ファンが感情移入しやすい歌詞が素敵でした』――と言ってきたんですよ」

テレビ東京『乃木坂工事中』を担当する放送作家氏は、かつてAKB48の出演番組も担当しており、劇場公演にも足を運ぶなかなかの〝通〟だと聞いた白石麻衣が、率直に疑問を尋ねたようだ。

「坂道シリーズもシングル曲のカップリング曲に入ってますね。僕の好きなのは3期生の『三番目の風』ですが、ただAKBほど泥臭くないので、思い入れは生まれないかもしれません」

白石はＴｅａｍ Ａの『Ｐｉｏｎｅｅｒ』を聞き、歌詞にいたく共鳴。

そして――

『自分たちも1期生として、〝乃木坂46のパイオニア〟のプライドを持ちたい』

――と言った。

『やっぱり秋元先生の歌詞だから親しみがあるし、

「先生は当時のＴｅａｍ Ａさんにこういうことを言いたかったのか。

Ｔｅａｍ Ｋさんはこう、Ｔｅａｍ Ｂさんはこう」……って、

頭の中で世界観が広がるんです。

だって私もシングル24枚、卒業シングルの1枚、

そしてアルバム4枚分の歌詞と出会ってきましたから』

実は彼女が『Pioneer』の話を持ち出してきたのは、『真夏の全国ツアー2018』が終わってしばらくしてからのこと。2018年の秋のことだ。

白石はツアーを通して——

『改めて自分たちがなすべきことがわかった』

——と言い、真っ先に2期生、3期生に対する〝少しの不満〟を口にしたそうだ。

そして——

『1期生にはパイオニアとしての責任がある。
言わなきゃいけないこともたくさんある。
でもそれは一方的な押し付けではいけない』

——と、何度も何度も反芻しながら悩んでいたのだ。

『そんな時にたまたま『Pioneer』を聞いて、
「やる時はやらなアカンで!」――って。
……何で関西弁になるのかわかりませんけど(笑)。
私はキャプテンでも副キャプテン的な人でもない。
でも中には「白石さんがそこまで言ってくださるなら頑張ります」
――みたいに受け止めてくれる後輩もいるし、
〝ちょっと話してみようかな～〟って』

――とは言うものの、彼女の中には少し葛藤があったらしい。

『だってわざわざ改めて「(白石ウゼ～)」と思わせるのも嫌だし、
言わずに済むなら言いたくないですよ(苦笑)』

そんな悩める白石に、『乃木坂工事中』担当放送作家氏は「以前自分が先輩に言われた」というセリフを贈ったそうだ。

それが――

「他人に意見をする時は、その相手に言っているんじゃなく、
相手の目に映る自分に対して意見していると思いなさい。
自分で自分に言い聞かせていると思えば気持ちも楽だし、
あえて難しい言葉を使わなければ、より伝わるから」

――と。

この言葉に背中を押されたのか、白石が後輩たちに苦言を呈しようと決意したところ、なぜか
思いもかけぬ展開が待っていた。

『よくわかんないんですけど、
「自分たちで話し合って直すべきところはちゃんと直そう。
先輩に甘えてはいけない。気を遣わせてはいけない」
――と、まとまったらしいんですよね。
まだ何も言っていないのに、やたらと私に頭を下げるんです。
不思議な経験でした』

ひょっとして、言おうか言うまいか思い悩んでいた白石の表情から事情を読み取った後輩たちが、自分たちで先に直すべきところに気づいたのでは。

その真相は定かではないにしろ、白石の〝言わなければならない〟という覚悟が後輩たちを動かしたのは間違いない。

乃木坂46のために白石が常に意識していたという〝パイオニアとしての責任〟。

この時、彼女はそれを立派に果たしたのだ。

3期生の中に見た〝生駒イズム〟

それは『真夏の全国ツアー2018』で訪れた、とある地方都市での出来事だったという。

真夜中、メンバーが宿泊していたホテルの廊下にただならぬ気配を感じた白石麻衣が、おそるおそる部屋のドアを開けて様子を伺うと、メンバーの宿泊フロアーの隅に蠢く数人の姿を見つける。

そこには3期生が集まり、音も声も出さずにひたすら踊っている姿があった。

「〝まいやんこそ真夜中にそんな不用心なことをして大丈夫なの?〟……と心配する方がいるかもしれませんが、そもそも地方公演ではメンバーとスタッフでワンフロアーを借り切り、キーカードをかざして自動的に停止階に向かうタイプ、あるいは自分の宿泊フロアーのボタンしか押せないタイプ以外のエレベーターは、場合によっては宿泊フロアーには停まらないようにコントロールしてもらっているので、東京にいるよりも安心なのです」

話してくれているのは、テレビ朝日『ミュージックステーション』現場スタッフ氏だ。

「まいやんによると『その姿は不気味以外の何モノでもなかった』――そうです。それはそうでしょう。真夜中のホテルの廊下、ただ歩いて部屋に向かうだけでも少し背筋が寒くなるのに、ひたすら無音で踊り続ける3期生がいたなんて。何と言って声をかけたら良いかわからず、思わず〝しらいしはん〟風に、ひょっこりと顔だけ覗かせて様子を窺っていたそうです」

翌朝、白石は――

『夜中に変なの見ちゃった！』

――と、コンサートスタッフに報告する。

「〝そんな場所で夜中に何をやってるんだ！〟と責められたら可哀想だからと、その3期生の名前は出さなかったといいます（※ちなみにこの時の3期生が誰だったかは、どうかご勘弁頂きたい。時間的に彼女たちは芸能活動のレッスンも禁止されている時間帯だからだ）。それでも一応、朝食が終わった後でまいやんが3期生たちに『何であんなことをしていたの？』――と尋ねると、まさかの感動秘話が隠されていたのです」（『ミュージックステーション』現場スタッフ氏）

白石は話を聞いた瞬間に目頭が熱くなり、そして——

『こんなところに生駒ちゃんが残してくれた財産があったんだ』

——と、

『レコ大初受賞と同じ感激と喜びに包まれた』

——と捲し立てた。

もっとも、いくら何でも夜中に踊っている3期生を見つけた程度で、ＡＫＢ48と欅坂46を破って大賞に輝いた日本レコード大賞と同等の嬉しさだったと言われても、一体誰が信じるだろう。たとえ、「生駒ちゃんの財産が生きていた」と言われても。

「まいやんによると、夜中の1時過ぎにベッドに入って目を瞑ると、どこからともなく一定のリズムを刻む〝振動〟が伝わってきたそうです。その振動で誰かが踊っている予感はしたそうですが、〝まさか3期生が集まっていたとは……〟と驚いたそうです」（同現場スタッフ氏）

彼女たちは周囲に迷惑をかけないようにBluetoothで曲をヘッドホンに飛ばしながら、2人ずつが踊り、残り2人が振りを間違えていないかどうかをチェックしていた。

「実はその3期生たちは、当日のコンサートで振りを間違えてしまい、舞台監督に叱られていたメンバーだったのです。だから翌日のコンサートでは同じ間違いをしないように、徹底的に振りを体に叩き込んでいた。そんなところで踊っていたのにもワケがあって、部屋で踊ったら下の階の宿泊客に迷惑がかかるし、かといってホテルの外、たとえばカラオケボックスの広めの部屋などを探しに出たら、夜中にどんなトラブルに巻き込まれるかわからない。最終的に一番迷惑がかからないのが、メンバーとスタッフしか泊まっていないフロアの端だったというわけです」（同氏）

そんな理由ならば咎める必要もないと感じた白石だが、3期生たちの次のセリフでまったく想像だにしなかった〝さらなる真相〟を聞かされたのだ——。

『私たち、前に生駒さんに言われたんです。

「振りを間違えて、先輩に〝申し訳ありませんでした〟なんて謝るな。

そんなヒマがあったら間違えないように練習しろ。

それしか出来ないんだぞ!」――って。

その教えを〝最後のメッセージ〟だと受け止めて、

絶対にパフォーマンスを上げたいんです』

そのセリフに白石は確かに、〝帰ってきた生駒里奈〟の姿を見た。

受け継がれている〝生駒イズム〟の核は、まさに妥協しないその姿勢にあるのだから――。

〝次期センター〟に指名する後継者

48グループと違い〝専用劇場〟を持たない坂道シリーズにとっては、各グループごとにBIRTHDAY LIVE、夏の全国ツアー、秋から冬にかけてのスタジアムコンサートなど、いかにしてファンを満足させるライブを提供することが出来るかに課題があるのも現状だ。

「たとえば乃木坂にとっての明治神宮野球場、欅坂にとっての富士急ハイランド（欅共和国）。日向坂は〝ひなくり〟をクリスマスシーズンの恒例行事にしようと、今年は東京ドームに会場を移して行います。とはいえ東京ドーム2Days、まさか嵐の『ワクワク学校』のようなイベントを行うわけではありませんし、果たして欅坂の〝欅共和国〟のような看板ライブに育つのか？……正直、さすがにまだ東京ドームは荷が重いと感じています」（芸能ライター）

日向坂46は今年の12月6日と7日、初の東京ドームコンサートを『ひなくり2020』として行う。

「シングルデビューをきっかけに日向坂46として活動を始めたのは、昨年の2月11日でした。デビュー日は3月27日だったので、日向坂はデビューから1年8ヶ月と10日で東京ドームコンサートを行うことになります。乃木坂46は2012年2月22日のデビューで、初の東京ドームが2017年11月7日。欅坂46は2016年4月6日のデビューで、初の東京ドームは2019年9月18日。女性アイドルグループとしては、デビューから約3年5ヶ月で初ドームの欅坂46でさえ相当早いのに、その半分未満で日向坂は東京ドームのステージに立つ。ファンの皆さんは偉業を喜ばれてるかもしれませんが、僕らから見れば危なっかしくて仕方がありません。東京ドーム単独コンサートの恐ろしさをメンバーの誰も知らないのですから」

話してくれているのは、日本テレビで『BINGO!』シリーズ全般を担当してきたプロデューサー氏。

ちなみに『BINGO!』の元祖はもちろん『AKBINGO!』だが、AKB48は2006年10月25日に『会いたかった』でメジャーデビューを果たし、初の東京ドームは2012年8月24日。5年10ヶ月の時間と〝前田敦子卒業〟の大舞台だったことは付け加えておこう。

『乃木坂とＡＫＢさんって、
メジャーデビューから東京ドームまでの時間がほとんど一緒なんです。
しかも私たちがデビューした２０１２年に、ＡＫＢさんは初の東京ドーム。
もちろん私たちも全員で観させてもらいました。
あの時の前田（敦子）さんは神々しいほどの美しさで、とても印象的でした。
実は前田さんは年令でいえば私の１個上で、その時は――
「今はこんなにも立場が違うけど、
いつか私も前田さんのように活躍し、
こんな大舞台で卒業したい」
――と、心から思いました』〈白石麻衣〉

まさか白石麻衣が前田敦子の卒業を見送っていたのは知らなかったが、この時の白石は自らの卒業コンサートに夢を馳せたのと同時に、東京ドームのような大きなステージに立つための〝資格〟も、何となく感じ取っていたらしい。

『〝資格〟というと大袈裟かもしれませんけど、
客席から見てあんなに遠いメインステージに立って、こっち側（客席）を見た時、

「どんなプレッシャーに襲われるか」

……あまりにも広くて逆に想像がつかなかったんです。

だから東京ドームの本当の恐ろしさを知るのは、

「overtureが明けてステージに上がった、その瞬間なんだろうな～」って。

その時が来るまでにどんな準備が必要か……それを積み重ねる努力は怠りたくなかったですね』

姉妹グループの欅坂46、日向坂46に、もちろん恨み辛みがあるわけではないが、

「本当に今の実力で大丈夫？東京ドームでコンサートを行うに相応しいグループになってる？」

……と、まるで問いかけているかのような白石のセリフ。

ここからわかるのは、白石と乃木坂メンバーは「東京ドームのステージに立つため」の意識と努力をちゃんと磨いていた自負だ。

「まいやんは大きなコンサートの直前、緊張したり震えているメンバーに対し、『自分たちの可能性を信じられれば、どんなに大きな舞台でもビビる必要はない』――と言って激励するそうです。逆の見方をすれば、札幌ドーム以外の4大ドームでツアーを行う乃木坂ですら、そう簡単には平常心を貫けないということ。日向坂46と〝センター小坂菜緒〟は、東京ドームの魔物を封じ込めることが出来るのでしょうか」(『BINGO!』シリーズ担当プロデューサー氏)

2017年に初の東京ドームコンサートを行って以来、乃木坂46コンサートの規模は年々規模を拡大しようとしている。

翌年の2018年には7万人を動員した神宮球場と秩父宮ラグビー場での〝シンクロ〟バスラ3Daysを皮切りに、真夏の全国ツアーで福岡ドームとナゴヤドームへ。

2019年は7th BIRTHDAY LIVEと西野七瀬卒業コンサートで、京セラドーム大阪で驚異の4Days。

これだけの経験を重ねるアイドルグループの、しかも誰もが認める〝顔〟の白石は、自らの卒業を前に——

『どんな会場でも安心してセンターを任せられるのは、やっぱり（齋藤）飛鳥になる』

——と、後継者候補の筆頭にあえて〝齋藤飛鳥〟の名前を挙げた。

『どの会場でも雰囲気に飲まれず、冷静に実力の100％を出すのが飛鳥。
突発性のトラブルにも余裕で対応するし、
彼女はセンター経験をそのまま自分の糧にする、利発的な一面を持ち合わせている。
私は卒業の理由に〝3期生と4期生の成長〟を挙げましたが、
それは〝乃木坂には齋藤飛鳥がいる〟安心感が大前提になっているんです』

今後、5期生以降の後輩たちには「齋藤飛鳥さんが憧れです！」というメンバーが飛躍的に増えるだろう。

これまでは生駒里奈、白石麻衣、西野七瀬、生田絵梨花などの〝お手本〟に助けられてきた飛鳥だが、白石が卒業した後は自分が3期生、4期生のお手本にならねばならない。

「それは、まいやんからセンターの座を託された飛鳥ちゃんの〝責任〟であり、〝義務〟でもあるのです」

（前出プロデューサー氏）

やがて開催される〝白石麻衣卒業コンサート〟で、齋藤飛鳥が何を語り、どんなパフォーマンスを見せてくれるのか――。

それが今から楽しみで仕方がないのは、おそらく白石自身に違いない。

白石が期待する3期生の可能性

フランス・パリで撮影した1st写真集『忘れられない人』（1月21日発売）が初週売上げ10・6万部を記録、数々の記録に迫る絶好調スタートを切ったのが山下美月だ。ソロ1st写真集の初週売上げは歴代1位の新記録。女性ソロ写真集の初週売上げでは生田絵梨花『インターミッション』17・9万部に次ぐ歴代2位。さらに写真集ジャンルの初週売上歴代記録でも5位に輝いた。

坂道シリーズの写真集では言わずと知れた白石麻衣『パスポート』が売上げ35万部でブッチギリの1位、生田絵梨花の『インターミッション』も30万部と2人が抜けているが、3位の長濱ねる『ここから』20・7万部、4位の齋藤飛鳥『潮騒』19万部、5位と6位の西野七瀬『風を着替えて』18・3万部『わたしのこと』18・1万部の、この18万部から21万部の拮抗した争いに飛び込んでくるのか、あるいは飛び越えていくのか。

いずれにしても白石が卒業した後、山下が〝坂道シリーズ写真集売上げ現役トップ3〟に君臨する。

すでに現役3位（※白石除く）だった渡邉理佐『無口』10・3万部を抜いているのだから。

少々長く、そして数字漬けになってしまったが、白石麻衣が卒業した後のセンター候補の一人で、白石自身も――

『美月は『Sing Out!』の活動を休止して戻ってきた後、半年間の成長には目を見張った。活動休止中のドラマ撮影で何かを掴んだのか、4期生の台頭が刺激になったのか――。もともと、活動休止前も登り調子だったけど、休んだことがハンディにならないのは凄い』

――と、かなりの絶賛具合だったという。

「おそらく山下さんは、この写真集の売上げが自分の将来を左右するほど大切なことを、十二分に理解していると思います。そして写真集をきっかけに『私が白石さんの後継者になる！』――という強い意志を持っているに違いありません」

そう話すのは、民放キー局のゴールデンタイムに多くのレギュラー番組を抱える売れっ子放送作家氏だ。

「テレビ業界の内部から見て本当に〝乃木坂46が大ブレイクしている〟判断は、実は100万枚を超えるCDセールスでも、80億円を超える年間売上げでもありません。白石さんの写真集がアイドルの写真集として驚異的な売上げを誇り、それに生田さんが続いたこと。つまり〝ファンの買い支え〟以外の反響が見えるようになったからです」

CDを100万枚以上売り上げても、それが〝握手券商法の賜物〟であることは見抜かれている。AKB48が今でもCDセールス年間1位を坂道シリーズに譲ったことがないのに〝落ち目扱い〟されるのも、握手券商法と一般人気は対極の場所にあるからだ。

しかし写真集、それも10万部のラインを突破するとなれば話が違う。

「CDが100万枚売れても、大半の坂道写真集は10万枚ラインをなかなか越せません。つまりファンの買い支えもそこが限界だということです。それを白石さんが一新させたどころか、今も売れ続けている。僕たちが見る〝大ブレイク〟とは、何よりも固定ファンの枠外への広がりで判断されるものなのです」

あれだけ同性から叩かれ、嫌いな女子アナアンケートでもトップ争いの常連だった田中みな実も、写真集『Sincerely yours…』が発売1ヶ月で異例の50万部を突破した途端、独身OLの〝憧れの的〟に祭り上げられた。写真集が持つ影響力の大きさを、まざまざと証明する事例になったのだ。

『私もそれまでフォトブックを含めて2冊のソロ写真集を出してましたけど、『パスポート』が売れてからは自分でも信じられないぐらい女性ファンの皆さんが増えた。私も同じ女性だから、女性が女性のファンになるきっかけや理由がわかるし、だから写真集がヒットして、その理由が〝女性の購買者が増えたから〟と聞かされた時は、本当に嬉しかったんです。

だって女性は〝無駄なもの〟にはお金を払いたくないですから（笑）』

――そう話す白石は、山下の写真集が売れていることを喜び、彼女には〝乃木坂を外に広げる〟期待まで抱いているようだ。

『1期生にとって3期生は、初めて出来た〝最初から可愛がる〟後輩だったんです。
2期生はどちらかといえば、最初は〝ライバル的な関係性〟でしたからね。
そんな3期生の美月が、私や生ちゃんの後を追いかけてくる。
それが楽しみじゃないわけがないし、嬉しいに決まってる。
何としても次は〝センター〟の目標を叶えて欲しい』

この言葉からも白石が3期生に並々ならぬ期待をかけていることがわかる。
この山下だけではなく、残りわずかな在籍期間の間に――

『3期生との時間を出来るだけたくさん作りたい』

――と、白石は結んでくれた。
白石卒業後、山下美月、そして3期生は果たして白石の期待に応えてくれるだろうか。
次代の乃木坂46を担う〝エース〟へ、育ってくれると信じよう――。

与田祐希に見る〝新しいセンター像〟

写真集を出す3期生は山下美月だけではない。

いやむしろ2017年12月に1st写真集を出版し、3月10日に2nd写真集『無口な時間』を出版する与田祐希のほうが、そのジャンルでは〝先輩〟といえるだろう。

「彼女の1st写真集『日向の温度』の売上げは7．9万枚で、さほど目立つものではありませんでした。しかし特筆すべきは、彼女が2冊目の写真集を出版することです。これまで20名を越える坂道メンバーが個人写真集を出版している中、2冊目を出版することが出来たのは卒業生を含めて7名しかおらず、しかも2期生以降では与田が初めてのメンバーになるんですよ」

基本的には水着グラビアをやらない坂道メンバーが、水着やランジェリー姿を公開するのは個人写真集のみ。与田も今回の『無口な時間』には、ファンが驚くような大胆なカットも含まれている。

ここで話してくれるのも、山下美月の写真集と白石麻衣の関係性を解説してくれた、売れっ子放送作家氏だ。

「あの齋藤飛鳥、それに松村沙友理でさえ、個人写真集はまだ1冊しか出版していません。そんな中で複数出版しているメンバーに共通しているのは、彼女らは乃木坂46の中でオリジナリティを発揮し、自分の居場所やポジションを築いていること。写真集で独自の世界観を紡ぎ出していること。白石麻衣を筆頭に西野七瀬、生田絵梨花、橋本奈々未、高山一実、衛藤美彩、深川麻衣の名前を見れば、それも納得して頂けるでしょう。ちなみに堀未央奈も2冊目を準備しているとのことですが、与田が先にレジェンドメンバーに名を連ねるのは〝凄い〟の一言。運営は与田の可能性に賭けているのでしょう」

そんな与田に目をつけたのは、他ならぬ白石麻衣。

白石は与田の〝とある特徴〟を捉え――

『(その部分を)前面に押し出せば〝新しいタイプのセンター〟になれる』

――とまで言い切っているそうだ。

『与田ちゃんは感受性がものすごく強くて、根性だらけの努力家のクセに涙もろいんです。
これまでの乃木坂のセンターにはそこまで自分の感情や弱さを表に出すメンバーはいなかった。
だから与田ちゃんが自分をさらけ出すことが出来れば、
私は彼女が〝新しいセンター像〟を創造してくれると感じています』

以前はそんな与田を「まったく泣き虫なんだから～」などと言って、頭を〝ポンポン〟してあげていた白石だったが、今ではその性格を深く理解しているからか、むしろ〝困っている時ほど突き放す〟らしい。

『だっていつも私の姿を探している姿が〝迷子の仔猫〟にしか見えないんですよ（笑）。
それに本当に困った時、どう対処するかで与田ちゃんの真価が問われるかもしれない』

――なるほど。これもまた、メンバーの新たな育成法になるかも。

『与田ちゃん、それに3期生をずっと見てきて、
メンバーそれぞれの性格やキャラクター、得意ジャンルが違うのは当たり前なんだから、
育て方も千差万別だと気づかされたんです。
私たちの真似をしたければ真似をすればいいし、
自分で考えて何らかの結論を出したのであれば、それは出来る限り尊重してあげたい。
見方によっては放任主義に映るかもしれないけど、
彼女たちそれぞれが成長すれば、その育て方も〝間違いじゃない〟と思うんです』〈白石麻衣〉

しかし若干失礼ではあるが、与田は身長も低く、決して画面や舞台に〝映える〟タイプではない。
これまで48グループと比べてスタイルの良さを打ち出してきた乃木坂46のセンターが、果たして
それで務まるのだろうか?

「僕も最初はそこが気になりましたし、実際に『逃げ水』の時は〝あれ?〟とも思いました。でも
彼女には2冊目の写真集を1期生以外で初めて出せる、いや〝出させてやりたい〟と思わせる、
不思議な魅力があります。これまでにないセンターになるためには、一度、乃木坂46の常識をすべて
ぶっ壊すような気持ちで構わないのでは」(売れっ子放送作家氏)

それについては白石もこんな風に語っている——。


『よく乃木坂には〝まいやん系のセンター〟〝なーちゃん系のセンター〟が必要だと言われます。

でも本当に必要なのは他の誰もが真似出来ないような、

〝唯一無二のキャラクター〟のセンター。

与田ちゃんみたいに可愛い子は何人いても構わないけど、
乃木坂のセンターを務められるのは〝与田祐希〟たった一人だけ。

彼女にはそんな〝特別な運勢〟も感じています』

果たして白石から〝センター〟の座を受け継ぎ、〝不動のエース〟となるのは一体誰なのか。

いずれにしても26ｔｈシングルには白石麻衣はいない。

それだけは紛れもない〝事実〟なのだから——。

密かに期待する〝4期生の逸材〟

あの白石麻衣が――

『あまり個人の名前を挙げないほうがいいのかもしれないけど、やっぱり4期生で〝将来の乃木坂を変えてくれそう〟と思えるのは、清宮レイちゃん』

――と言うほど、実はコッソリと「期待している」と聞かされた時は驚いた。

「スタジオや控え室で2人が仲良さそうに話しているシーンも特に見かけないので、まいやんの口から〝清宮〟の名前が出た時は驚きました。確かに爽やかで可愛い子ではありますが、今の4期生でリードしているのはやっぱり遠藤さくら、賀喜遥香、筒井あやめの3人ですしね。残念ながら25thの選抜に選ばれたのは、遠藤と賀喜だけでしたが」

テレビ東京『乃木坂工事中』中堅スタッフ氏は、昨年秋頃の収録回の合間、加入から1年が経過した4期生について、キャプテンの秋元真夏をはじめ、白石麻衣、高山一実の3人に注目メンバーを聞く機会があったという。

「たまたま前室で打ち合わせをしていた時、そんな話になったんです。先に真夏のほうから『スタッフさんの間では〝誰が面白い〟とか、4期生に点数を付けたりしてるんですか?』――と。だからごく真面目に〝MCが上手くなったのは田村(真佑)だけど、何を言い出すのかわからない面白さは北川(悠理)かな〟と答えました」

何のヒネリもないではないか(苦笑)。

「真夏とかずみんにもそう言われました。だから〝じゃあみんなは誰なの?〟と聞き返したんですよ」

秋元からは——

『さくらは目が離せないタイプ』

——と返され、高山は、

『がっきーはまだ何か隠していそう』

——と笑ったらしい。

「まあ、それこそ普通ですよね（笑）。当時の選抜センターとフロントですから。でもその時点で1期生たちの評価も選抜に選ばれた3人に集中するのは、やっぱり彼女たちは先輩との仕事に揉まれ、〝成長するスピードも早いんだろうな〜〟と、妙に納得せざるを得ませんでした」（『乃木坂工事中』中堅スタッフ氏）

ところが秋元が「まいやんは？」と振ったところで、話は思わぬ方向へと転がっていくことになる——。

『あまり個人の名前を挙げないほうがいいのかもしれないけど、
やっぱり4期生で〝将来の乃木坂を変えてくれそう〟と思えるのは、
清宮レイちゃんかな。
他の子にはない〝爽やかなお嬢様感〟というか、
上手く言えないけど実はコッソリと期待しているんだよね。
でも選抜の3人はもちろん、他にも気になる子はいる。
4期生って宝の山だよ(笑)』

——そう、白石麻衣が真っ先に名前を挙げたのは、冒頭にあるように〝清宮レイ〟だったのだ。

「あくまでも個人的には、清宮は〝いつも笑っている子〟の印象が強いですね。ルックスにはケチのつけようがありませんし、身長もそれなりに高い。後で思い返してみて、まいやんが期待するのも当然の逸材だとは思いました」(同中堅スタッフ氏)

坂道合同オーディションでは〝ビッグコミックスピリッツ賞〟を受賞し、坂道シリーズ同期の誰よりも早く単独グラビアデビューを果たした清宮レイ。

帰国子女で英語はネイティブ、オーディションを受けた時は中学3年生だったが、そこでは生徒会長を務める才色兼備ぶりで知られていたそうだ。

『私とは真逆の、バラ色の中学生時代を過ごしてる(笑)。
レイちゃんは生まれつき、周りに人が集まる星に守られているんだと思います。
だからこそ……というほどでもないけど、
レイちゃんのような女の子が乃木坂で、芸能界でどこまで成長していくのか、
先輩としてではなく一《いち》視聴者としても、
〝清宮レイ〟というアイドルの行く末を見守りたいんです』

――そう語った白石。

現在、4期生は日本テレビで『NOGIBINGO!』の後継番組『乃木坂どこへ』に出演中だが、実はその現場で清宮は——

『どうやって自分を出していけばいいかわからない。自分にはセールスポイントがないから……』

——と悩む時期があったらしい。

それを人伝に聞いた白石は「自分から話しかけるのはドキドキした」と笑いながらも、しっかりと清宮にアドバイスを贈ったそうだ。

『その頃はもう〝卒業〟を決めていたし、
自分が乃木坂46に残せるものは、すべて残しておきたかったんですよね。
本当はご飯でも食べに行きたかったけどなかなか時間が合わないから、マネージャーさん経由で。
泣きながらお礼の電話がかかって来た時は、
レイちゃんには悪いけどキュンキュンしちゃいました』

肝心のアドバイスの内容だが、それは……

『大切なメッセージなので他人《ひと》には明かせない』

――とのこと。

白石が授けたアドバイスで、清宮レイがどれだけ大きく羽ばたいてくれるのか。
誰よりも白石自身が一番楽しみにしているだろう――。

白石が〝卒業〟を確信した瞬間——

白石麻衣が「安心して卒業することが出来る」と笑顔で語った3期生、4期生の成長。

すでにキャリアを積んだ3期生は〝期待通りに成長してくれた〟のは言うまでもないが、合同オーディションの合格からまだ1年足らずの4期生は、果たしてどこまで白石の理想に近づいていたのか。

「4期生は純粋培養というか、コンサートや握手会の全体リハーサルと本番を除くと、4期生単体で行動する期間が3期生に比べると長く設定されていました。その分、ちゃんとレッスンを積んだとも言えますが、先輩たちと過ごすまで時間がかかった分、打ち解けるまでもそれなりの時間がかかってしまいました」

テレビ東京『乃木坂工事中』現場スタッフ氏は、1期生で積極的に4期生のレッスンに顔を出したのは「たぶん、真夏ぐらいですよ。それもキャプテンに任命される前から」と明かしてくれた。

「そんな姿も運営スタッフの目に留まり、玲香の後のキャプテンは〝真夏しかいない〟と判断されたのも事実です。彼女が最初にレッスンを訪れた際、4期生が『初めて先輩方と会話することが出来ました!』――と感激して涙する姿を見て、真夏はまいやんと生ちゃんに『これじゃダメだよ』――と連絡したそうです」

とはいえ、白石麻衣と生田絵梨花といえば、メンバーの中で最も忙しい2人。そう簡単にはレッスンに顔を出し、激励することは出来ない。

『大切な後輩であり仲間ですから、スマホで「待ってるよ!」――って激励するメッセージを撮って、真夏に送りました。生ちゃんは生ちゃんで送って。喜んでくれたみたいで嬉しかったですよ』〈白石麻衣〉

秋元からはお返しに、4期生のレッスン動画が送られてきたそうだ。

そして白石が最初に目を奪われたのは、後に4期生初のセンターに抜擢される〝遠藤さくら〟だった。

『本当にみんな可愛くて、私たちが合格した当時とは比べ物にならない。

運営スタッフにそれをアピールしたら、

「それは白石たちが乃木坂のイメージを単なるアイドルより上に押し上げてくれたから、
可愛い子たちが憧れるグループになったんだよ」

……みたいに言われて。

それはちょっと誇らしかったです（笑）』

――そう言って笑う白石だが、さて遠藤は白石の目にどのように映ったのだろうか。

『一言で言えば〝人類史上最強のピュア〟。
あの透明感と清楚さを当時確か17才で保っているなんて、
最初に見た時は信じられませんでした。
私だけじゃなく運営スタッフも〝彼女はいいね〟と、すぐにゾッコンになってましたよ』

この時、同時に──

『乃木坂の、〝乃木坂らしいセンター〟になれると思う』

──と絶賛していた白石。

そして何よりも驚いたのが、第1章（1st Chapter）でもお話ししている通り、自らも関わっていた坂道合同オーディションで見た遠藤と、レッスンに励む遠藤との〝驚異的な伸び代〟だったという。

『パフォーマンスが別人なのは当たり前ですけど、ピュアさを増しながらアイドルとしてのオーラを纏っていて、「女の子ってきっかけや環境でこんなに成長するんだ!」──ということを、目の前で見せつけられた気がします』〈白石麻衣〉

24thシングルで遠藤がセンター、そして賀喜と筒井がフロントで、4期生3人が真ん中に並ぶフォーメーションを見て、白石はかねてから考えていた卒業を——

『現実のものにしなければならない』

——と、決心を固めたそうだ。

『それでもまだまだ、2列目から3人の背中を見て頼りなかったら、まだ卒業を決め切れていなかったと思います。
いろんな歌番組や握手会のイベントで3人を見つめながら、
「よし、大丈夫だ」——と確信した時、
私は乃木坂46に入ってから〝最も幸せな瞬間〟の一つを味わうことが出来たのです』

——その瞬間、白石の胸の内にあった〝不安〟が消え去った。

『乃木坂は、もう大丈夫』

――この時、白石の中で〝卒業〟が現実のものとなった。

ところで、それほど遠藤さくらや賀喜遥香、筒井あやめを買っているのに、なぜ〝清宮レイ〟の名前を？

『それはそれ、これはこれ。
こう見えて私、結構〝DD〟なんですよ（笑）』

自らを〝DD（誰でも大好き＝複数推し）〟と言って笑う白石だが、それだけ3期生、4期生には白石が期待する才能あるメンバーが揃っているということ。

その中の誰が〝真のエース〟へと育っていくのか。

あとは白石からバトンを託された後輩たちの行く末を、白石と共に見守ることにしよう――。

白石麻衣フレーズ

『これからは私じゃなく飛鳥が先頭に立って、
後輩からの挑戦状を受け取らなきゃならないんだからね！』

白石麻衣が齋藤飛鳥に期待する〝意識の変化〟。白石から〝センター〟のバトンを渡された飛鳥は〝エース〟としてこれからの乃木坂46を引っ張っていかねばならないのだ。

『ここ1〜2年の未央奈を見ていて、きっと〝もう大丈夫だな〟とは思うけど、
でもあの『バレッタ』のセンターの時、
少なからず自分たちがもう少し未央奈を支えてあげていれば、
きっともっと早く福神に定着したし、
2回目のセンターもあったんじゃないかと思う。
それにセンター経験者がアンダーに落ちたのは未央奈しかいないんだもん』

最初は〝ライバル視〟していた2期生との関係を振り返って、「あの時の未央奈への想い」を後悔する白石。しかし彼女はもう大丈夫だ。白石卒業後の乃木坂46の中心メンバーとしてグループを支えてくれるに違いない。

『美月は怖い。

油断してると〝ガブ!〟ってやられそうで（笑）。

でもそんな後輩がいてくれないと、

「まだまだ負けられない! 一丁やったるかい!!」

――みたいな刺激を受けないから頼もしい』

自分や生田の後を追いかけてくる3期生の姿に頼もしさを感じる白石。その中の一人、山下美月は〝白石麻衣の後継者〟になれるだろうか。

『与田ちゃんは〝7人目の単独センター〟にならなきゃいけない素材』

与田祐希への期待度の大きさがわかる白石の言葉。果たして与田は白石の期待に応えることが出来るだろうか。

『私が育てた、たとえば（遠藤）さくらが、

〝どんなセンター、

福神となってグループを引っ張ってくれるのか？〟

……そう考えただけでもワクワクする』

後輩、特に4期生へ賭ける想いをそう語る白石。彼女の〝ワクワク〟を遥かに超えるセンター、福神となってグループを引っ張ることが出来れば、乃木坂46は今よりもっと大きなグループへと成長するに違いない。

『これからの乃木坂46には、希望と未来しか感じない』

白石が4期生について語った言葉。彼女たち後輩に想いを託して卒業していく白石。彼女が言う通り、乃木坂46には希望に溢れた未来が待っている——。

Mai Shiraishi

素顔の白石麻衣

~アイドルの衣を脱ぐ時~

素顔の白石麻衣

4th Chapter

ライバルを超えるために

Mai Shiraishi

〝シングル年間1位〟へのコンプレックス

3月25日に発売される白石麻衣の卒業シングル（乃木坂46 25ｔｈシングル）、そして前週の3月18日に発売されるＡＫＢ48の57ｔｈシングル。この2曲は例によって初週売り上げ1位、そしてミリオンセールスを記録するだろう。

「白石の卒業シングルが売れるのはもちろんですが、ＡＫＢ48の57ｔｈシングルも前作の『サステナブル』からちょうど半年ぶりの新曲で、握手会に飢えたファンたちが殺到するのは目に見えています。興味はどちらがより売り上げるか。乃木坂46は白石の卒業ソングで初めてＡＫＢを倒せるか？……攻防ラインは130万枚と見ています」（音楽情報誌記者）

もし卒業シングルが130万枚も売れれば、それは同時に乃木坂46歴代シングルの1位記録をも作ることになる。

今さらながらCDという名の握手券を売っているから云々……など、わかりきった野暮は言うまい。AKB48がオリコンチャート年間シングル1位2位を10年連続で獲得した〝未来永劫破られない〟前人未到の記録が握手券によって生み出されていることを知らない音楽ファンなど、おそらくは日本中にいないのだから。

「でも今年はわかりません。1月22日にジャニーズ史上初の〝2組同日デビュー〟を果たしたSixTONESとSnow Manが、いつの間にかオリコンチャートでは〝合算扱い〟になってますからね。明らかにおかしいし、本人たちも納得していないでしょうが、すでに〝デビュー曲が初週売り上げ132.8万枚、初動（※売り上げ初日）でミリオンを越えたのも史上初!〟と大騒ぎしているので、少なくともSixTONESとSnow Manの『Imitation Rain／D.D.』だけは〝1曲扱い〟で押し通すでしょう」（同音楽情報誌記者）

奇しくも卒業シングルとAKBシングルの勝敗ラインに設定した〝130万枚〟を超えているのだから、この合算がまかり通れば彼らが年間1位に最も近いに違いない。

ちなみにオリコンチャートよりも正確に売り上げを算出するビルボードジャパンによると、SixTONESの初週売り上げが776,336枚、Snow Manが752,236枚と、もちろん2組は単独の〝別グループ〟として扱われている。

『私や真夏、それに飛鳥はずっと言い続けているんですけど、
どれだけ今の人気がAKBさんより上だろうと、
乃木坂46は一度も〝シングル年間1位〟になったことがないことと、
AKBさんのように『会いたかった』『ヘビーローテーション』『Everyday、カチューシャ』
『フライングゲット』『恋するフォーチュンクッキー』のような、
みんなが知ってる、サビぐらいならファンじゃなくても歌える、
そんな代表曲が1曲もないことが大きなコンプレックスだし、
そんなグループが〝AKBさんに勝った〟とか、大口を叩けるわけがない（苦笑）』〈白石麻衣〉

――そのコンプレックスを卒業シングルで払拭出来れば、どれほど幸せなことだろう。

「とはいえ卒業シングルもAKBの57thシングルも、SixTONESとSnow Manを超えることは出来ないと思います。特にAKBは56thシングルの握手会がまだ残っていたところを〝コロナウィルス〟が襲い、2月1日以降の握手会を中止。坂道は日向坂の握手会を〝マスクとアルコール消毒の義務化〟で突破しようとしたものの、批判の嵐に晒されて中止せざるを得ませんでした。今後も握手会中止がいつまで続くかわからないので握手券の売り上げも鈍いでしょう」（同記者）

48グループ、坂道シリーズの握手券付きシングルは、感染症によって大きな選択を求められている。握手券を取りやめた分をどうするのか、握手会自体をやめたらどうなるのか……。

果たして白石の意見は?

『私は個別握手から卒業していて、何だかんだ言える立場ではないけど、でもまだまだ自信よりも不安のほうが大きかった頃、握手会でファンの皆さんからかけられた声が力になったのは本当です。今で言えば4期生には、そんなファンの皆さんの温かさや応援が届く時間が、〝早く戻ってくればいいな〟と思います。もちろん自分自身も、全国握手会でちゃんとお別れも言いたいから、まずはコロナウィルスが1日も早く終息するように願うだけです』

後輩たちを勇気づけるためにも、握手会の再開を願う白石。

そして彼女の胸の奥に詰まったコンプレックスを払拭するためにも、白石卒業シングルが〝シングル年間1位〟を獲得し、名実共に真の〝AKB超え〟を果たすことを願う――。

レコード大賞3連覇よりも〝大切なこと〟

「『第61回 輝く！ 日本レコード大賞』大賞に輝いたのは——
『パプリカ』を歌われたＦｏｏｒｉｎの皆さんです！」

ここまで8年連続で総合司会を務め、リポーター、司会アシスタント時代を含めると2000年から20年間も『レコ大』に携わってきたTBS・安住紳一郎アナウンサーの声が大賞受賞者を読み上げると、3年連続で大賞受賞を目指していた乃木坂46の席からは、どうしても叶えたかった目標に届かなかった無念の声、そして同時に〝これで両肩から重い荷物を下ろせる〟安堵のようなため息が一斉に漏れた。

「2017年の第59回は『インフルエンサー』で、翌年の第60回は『シンクロニシティ』でレコ大に輝いた乃木坂46は、どうしても3年連続でのレコード大賞受賞を叶えたかったのです。もしレコ大3連覇を達成すれば、AKB48の2連覇(2011年、2012年)を上回り、初めて目に見える結果としての〝AKB超え〟を果たすことが出来る。特に白石麻衣と秋元真夏、そして珍しく生田絵梨花が〝争い事〟に首を突っ込んでいましたからね」

TBS『CDTV』を担当するプロデューサー氏は、白石麻衣のレコ大に対する強い想いとこだわりを、ここ数年「ひしひしと感じさせられてきました」と振り返る。

「暦の上では一昨年になりますが、2018年に『シンクロニシティ』でレコ大を受賞した時、生中継が終わってからの白石は、トロフィーをギュッと抱え、何度も何度も右手の拳を握りしめていました。時には〝Yes!〟との声が聞こえたかのような、外人並みのオーバーアクションで」

先ほどもお話ししたが、歌手である以上は誰もが親しめる、歌えるような代表曲を持ち、賞レースでは最高位の日本レコード大賞を受賞することが「誉れ」と言う白石。

その歌手としての矜持を貫くためにも、最低でもAKB48に並ぶ〝レコ大2連覇〟は叶えなければならなかったのだ。

「2018年の乃木坂は生駒里奈が卒業し、西野七瀬も年内での卒業を発表していて、白石や生田は大きな星を2つも失うことになった。様々な不安を抱え、自分の中でも〝卒業〟がより具体化していった頃、レコ大の連覇が『また新しい風を吹かせてくれるのではないか』——と、〝前向きな想いを甦らせてくれる〟と信じていたそうです」

2年連続で日本レコード大賞を受賞することで、乃木坂46はより成長することが出来る。

白石は、自分のことよりも〝グループをさらに突き動かしてくれる〟モーターを探していたのかもしれない。

『そういった意味でもAKBさんを超える3連覇は、私じゃなく乃木坂にとって重要な目標でした。

何人かのメンバーは私の卒業を知っていたから、

彼女たちは「まいやんの花道にしたい」——と言ってくれましたけどね。

でも違うんです。

出ていく者の花道なんていらない。

乃木坂46をより大きくするモチベーションのひとつ、

〝ポジティブの種〟になればいいんです』〈白石麻衣〉

2019年の本命は間違いなく乃木坂46だった。

そして初めて、それもデビューしたてだった日向坂46が、すでに〝ひらがなけやき〟時代にアルバムデビューを飾っていたこともあり、優秀楽曲賞のノミネートに回ってきた。

『〝えっ⁉ 何で新人賞じゃないの?〟……とは思いましたけど、でもそうなると、〝Foorinは?

しかも『パプリカ』って他局(※NHK)の2020応援ソングのはずだけど〟……とか考えていたら、割りと全部「どうでもいいか」みたいな気持ちになって(苦笑)。

とにかく私の中には――

「AKBさんの目の前で〝AKBさん超え〟を果たすんだ!」

――しかなかったです』

白石のその夢は後輩たちに引き継いでもらうとして、年が明けてからの白石は、実は〝2連覇で良かった〟の気持ちのほうが日に日に強くなっていったという。

『自分でも不思議でした。

でも確かにあれだけ強かったこだわりが、いつの間にか消えていたんです。

きっとみんなに卒業を発表してから、

「みんなのために〝なすことは何か？〟」

――それを探しているからだと思います』

〝自分のため〟より〝グループのために〟――白石は常にその想いを忘れたことはなかった。

今、卒業を目前に控えた中でも、その想いは変わらない。

『乃木坂46のみんなのために、私が出来ることは何か？』

それは彼女がどこまでも乃木坂46を愛し、感謝を忘れない人だからだろう――。

白石が恐れる〝AKB48の底力〟

白石麻衣は乃木坂46のメンバーの中で、ある意味では〝唯一〟今もAKB48に警戒心を抱くメンバーだという。

「乃木坂46のメンバー、特に1期生と2期生にはAKB48全盛期に〝ファン側〟に回っていたメンバーも多く、中田花奈のように**『私は9期生、特にまりやぎ（永尾まりや）ヲタ』**――と言うほど本格的なメンバーもいれば、松村沙友理のように**『乃木坂のオーディションを受けるまでアイドルの知識や興味はゼロ』**と言いながら、渡辺麻友に会った直後に**『生のまゆゆはやっぱり超絶カワイイまゆゆだった！』**――とハシャいでバレバレだったメンバーもいる（笑）。口ではどう言おうと、そもそもアイドルにまったく興味がなければ〝公式ライバルオーディション〟を受けることはありませんよ」

テレビ東京『乃木坂工事中』構成スタッフ氏は、

「それは乃木坂がAKBを超えたのに〝AKBファン〟をカミングアウトするのはダサいし、そもそも今のAKBに詳しい時点で〝時代遅れ〟認定されてしまうからでは」

——と言う。


「乃木坂がオシャレ認定されているのは、まいやんを筆頭に有名ファッション誌のモデルを多くのメンバーが務め、『乃木坂工事中』でもAKBメンバーのように〝鼻フックを引っ掛けても売れたい〟など、ガツガツするメンバーがいないからです。振り返ってみればAKBも、全盛期の前から峯岸みなみ、大家志津香、宮崎美穂などのバラエティ担当を置き、決して篠田麻里子や小嶋陽菜、板野友美など女子人気が高いメンバーに無理をさせなかった。実は今、コンサートで女性専用エリアを設け、女子受けユニットや本格的なアパレル製品でファン層を拡大しているのが大阪のNMB48。グループを運営する吉本はさすがです」(『乃木坂工事中』構成スタッフ氏)

NMBが〝女子受け〟に走り始めたのは3年ほど前だが、実はその頃にはNMBどころか実質的な〝48グループ一番人気〟の山本彩の卒業が決まり、山本が抜けた後の人気存続の手本を乃木坂に求めて一定の成功を収めたそうだ。

『NMBさんからはほぼ1年、オーディションの開催もCDデビューも遅れています。最初は日テレの深夜にバラエティをやったり、コンサートで吉本新喜劇をやったり、まさに〝吉本のアイドル〟でしたよね。

それがいきなりアカリン（吉田朱里）さんがYouTubeで〝女子力動画〟を始めて、気づいたら〝女子受けグループ〟になっていた印象です。

それにお笑いも渋谷凪咲ちゃんとか、飛び抜けて面白いメンバーは個人で売れてますし』〈白石麻衣〉

驚きなのが白石が、まさかNMBの近況に詳しいこと。

本人は――

『チェックして参考にする、または情報として知っておくべきなのは当たり前』

――と受け流す。

『それよりも私、ここ2〜3年のAKBは〝やっぱり怖い〟と意識していますよ。

一つは2018年に韓国のケーブルテレビ局でオンエアされて、

去年ヤラセ騒動で大騒ぎだった〝PRODUCE 48〟。

もう一つは一昨年と去年の2年連続でCSのTBSチャンネルで開催された、

〝歌唱力No.1決定戦〟。

「結成から今年で15周年のAKBさんが、まだメンバーをガチで競わせているのか」――って。

それを驚異に思わないアイドルは〝ちょっとどうなんだろう?〟……と首を捻りたいです』

『PRODUCE 48』には、日本国内のグループから合計39名が参加。中には世界選抜総選挙1位の松井珠理奈(SKE48)、3位の宮脇咲良(HKT48)を筆頭に、7位の武藤十夢(AKB48)、9位の矢吹奈子(HKT48)、10位の田中美久(HKT48)、12位の高橋朱里(AKB48)と、総選挙選抜組(16位まで)にすでに6名。以下も19位の小嶋真子(AKB48)、20位の白間美瑠(NMB48)、22位の岩立沙穂(AKB48)らの名前もあった。

実際に合格してIZ*ONE入りしたのは宮脇咲良、矢吹奈子、世間的には無名だったが、総選挙で100位以内には入っていた本田仁美の3名が選ばれ、間もなく活動を再開するらしい。

「そしてまいやんが『PRODUCE 48』以上に〝恐ろしい〟と言うのが、〝AKB48グループ歌唱力No.1決定戦〟。今年の2月4日には本選のベスト8に残ったメンバーによる、ファイナリトLIVEが行われ、平日の舞浜アンフィシアターに2,100名の観客を集めました。しかもこの8名で名前が知られているのが、AKB48の岡田奈々、昨年一杯で卒業したものの、優勝者として1日だけの復帰を果たした矢作萌夏、この3月でSKE48を卒業する高柳明音の3名のみだったにも関わらず、です」

(同『乃木坂工事中』構成スタッフ氏)

中でも白石は、すでに卒業している優勝者の矢作萌夏に〝得体の知れない怖さ〟を感じているという——。

『秋元先生にちょっとだけ伺ったら、

「白石は目の付け所が確かだな。

矢作はバケモノだぞ」

——と言って笑ってました。

私に言わせると秋元先生もバケモノだから、

バケモノがバケモノを見抜いた感じ(笑)』

ドラフト会議で指名されたドラフト3期生で、AKB48史上最速でソロコンサートを開催。

加入1年8ヶ月でAKB48の56thシングルの単独センターに抜擢された矢作萌夏。

そんな矢作はもちろん、そんな〝バケモノ〟を生み出すAKB48の底力に、白石は〝得体の知れない怖さ〟を感じているのだろう。

おそらくは卒業しても――


『AKB48の〝次の一手〟は何なのか？

AKBウォッチャーとして気になる』

――と言う白石。

白石が去った後の乃木坂46は、今の勢力を維持したまま……いや、今以上にさらに勢いを増して、女性アイドルグループ界の頂点に君臨し続けることが出来るのか。

何よりも〝乃木坂愛〟の強い白石だけに、卒業してからもライバルグループの動向が気になるに違いない。

乃木坂メンバーに残した〝海外進出〟への宿題

現在、AKB48グループの拠点は国内6ヶ所（AKB48 SKE48 NMB48 HKT48 NGT48 STU48）と海外9ヶ所（JKT48 BNK48 MNL48 TeamSH TeamTP SGO48 CGM48 DEL48 MUB48）の15グループにまで膨れ上がった。専用劇場の建設や活動そのものが滞っている海外拠点もあるが、東アジアから東南アジア、南アジアまで広がるアイドルネットワークの構築は着々と進み、ここ数年はAKB48と海外グループの合同ライブも各国で行われている。

一方、国内……いや都内の3チームからなる坂道シリーズは、乃木坂46が海外進出の舵取り役を担い、ここ数年、連続して中国・上海と台湾・台北で単独コンサートを続けているのはご承知の通りだ。

「坂道シリーズが海外に姉妹グループを作ることはあり得ませんから、展開としてはコンサートかイベントしかありません。ただ正直に、というか残念なことに、決してアリーナ会場を満員に出来るほどの、そこまでの人気と支持を集め切れていないのが現状です」

話してくれたのは、音楽情報誌の編集長氏だ。

乃木坂46が初めて海外でパフォーマンスを行ったのは2014年、かつてAKB48のみならずPerfume、中川翔子らも招かれているフランス・パリの『JAPAN EXPO』のステージだった。

それから少し間は空くが、2017年11月にはシンガポールで行われた『C3 Anime Festival』に招待されると、翌年2月には同アニメフェスティバルの香港会場へ。

そしていよいよ同年12月『NOGIZAKA46 LIVE in Shanghai 2018』から、上海と台北で本格的なコンサートを行うようになったのだ。

「これはその当時ソニーの担当者に聞いた話ですが、白石さんは海外進出に消極的だったそうです。自分たちのパフォーマンスの特徴、そもそものレベルを冷静に判断すると、『高いレベルのパフォーマンスを見慣れている中国の先端ファンに、乃木坂が受け入れられるとは思えない』――というのがその理由のようですね」

パフォーマンスのレベルはもちろん、音楽性そのものについても白石は懐疑的な見方をしていた――。

『今は本当、ネットを通して中国や台湾だけじゃなく、
世界中に乃木坂に興味を持ってくれた人がいて、
「ぜひとも私たちのステージを見てもらいたい」――とは思っていますよ。
でも私は、だから〝レベルの低いパフォーマンスを輸出してもいい〟と、
妥協したくないタイプなんです。
自分のパフォーマンスが完璧にほど遠いことは私が一番わかってるし、
海外に行くなら誰もが目を見張るパフォーマンスを披露したい。
結局、そんなの一朝一夕に叶えられることじゃないし、
〝行け〟と言われれば行くんですけどね（苦笑）』

白石には白石なりの〝正当な理由〟があり、それは彼女のこだわりや向上心によるもの。

誰にもその意見は否定出来まい。

「現状を考えると乃木坂の海外進出にはブレーキをかけざるを得ませんが、アイドル界全体が今のうちに足元を見つめ直す時期に来ていると思います」（音楽情報誌編集長氏）

今から1年ほど前の2019年1月27日、乃木坂46の海外選抜メンバーが『NOGIZAKA46 Live in Taipei（台北アリーナ）』を行っていたちょうど同じ時刻、およそ2,500km離れたタイ・バンコクの郊外にあるインパクトアリーナでは、『AKB48 Group Asia Festival 2019 in Bangkok』が開催されていた。

何だかんだいって毎年、それも年に数回は海外のイベントステージに呼ばれていたAKB48だが、実は年々、ファンがすぐに気がつかないレベルで、その規模が縮小しているという。

「これからは〝本物〟しか残れない。白石さんが危惧していたことを、乃木坂だけではなく、AKB48をはじめとするすべてのアイドルグループが考え直さなければいけません」（同編集長氏）

卒業する白石は、残るメンバーに自分の考えを伝えたかったに違いない。

『私は〝レベルの低いパフォーマンスを輸出してもいい〟と妥協したくない。
海外に行くなら誰もが目を見張るパフォーマンスを披露したい』

白石麻衣が乃木坂46に託した、このメッセージ。

3期生、4期生の後輩たちは、偉大な先輩が残した〝宿題〟に応えられるだろうか――。

白石が意識する〝同じ年のライバル〟

実はこの話もずいぶんと前から囁かれていて、確かに因縁そのものは〝さし坂46〟の頃からあったようだが、しかし明らかに女優路線、モデル路線を進む白石がなぜ――

「指原莉乃をライバル視している」

――と囁かれているのか。

今回は事の真偽をハッキリとさせておきたい。

「指原さんと乃木坂の最初の因縁は、実は2012年5月2日の一件です。指原さんのソロデビューと乃木坂の2ndシングルが同日発売になり、初週売り上げ〝12．4万枚vs15．6万枚〟で乃木坂に軍配が上がりました。現在でいえばまさにSixTONESとSnow Manの戦いのようなものでしょう」

――当時を振り返って話すのは、音楽情報誌ライター氏。

さすがにSixTONESとSnow Manと比較するのは申し訳なさすぎる数字だが、この時の『それでも好きだよ』と『おいでシャンプー』共にライブでイントロがかかった瞬間、観客が爆沸きするのは変わらない。結果論ではあるが、良曲同士の対決ゆえに盛り上がったのだろう。

「実際のところはデビュー曲『ぐるぐるカーテン』の初週売り上げが13．6万枚、最高順位2位と期待を下回り、2曲目は何としても1位、そして最低でも20万枚ラインを越えることを、運営は目標に掲げていたので、そのためにお互いが利用し合っただけの話。それにしても相手を指原さんに選んだ運営は、絵に描いたような接戦勝ちはお見事でした」

――と、一応はそう言って締めたものの、当時も今も音楽業界の最先端で活躍する音楽ライター氏は、

「個人的には、焦るには早すぎるし、2曲目でAKBと絡むと先々の展開が難しい」

――と感じていたそうだ。

「〝公式ライバル〟である以上、たとえ根っこは同じでも幹や枝葉は別の方向に育てるべきだし、案の定〝まゆ坂、こじ坂、さし坂〟なんてやり始める始末。そうなれば当然のように、『本格的なユニット（乃木坂ＡＫＢ）を作りたい』――と言い出すのが秋元先生ですからね（苦笑）

5月の同日発売から2ヶ月後、当時のＡＫＢ48・渡辺麻友のソロシングル第2弾『大人ジェリービーンズ』では、早くもカップリング曲『ツインテールはもうしない』を〝まゆ坂46〟が歌唱。

何とメンバーは渡辺以外には白石、橋本、松村、生駒、生田、星野と御三家から生生星が並び、さらには井上、桜井、西野、中田、高山、若月、深川、伊藤万理華、斉藤優里……と、いくら当時は新人の乃木坂46とはいえ、選抜メンバーをズラリと揃える大サービス。

それもこれも、ソロの渡辺はＳｏｎｙ Ｍｕｓｉｃ Ｒｅｃｏｒｄｓに所属していたからだ。

「続く小嶋陽菜との〝こじ坂46〟は、きっかけが2014年の〝じゃんけん大会〟の1回戦で、交換留学中だった生駒が小嶋と対戦することになり、あろうことか小嶋側の応援で川後、斉藤、永島、中田が登場。当初は完全な〝ネタ〟でしたが、アンダーライブを経て〝こじ坂46〟が本格結成されました」（音楽ライター氏）

そうなると黙っていられないのが指原で、じゃんけん大会の3ヶ月後に行われた〝AKB紅白〟では秋元、衛藤、飛鳥、深川、相楽、佐々木、堀を引き連れて登場したのだ。

「指原は、ロングスカートが基本の乃木坂にミニスカートを履かせ、次は『さゆりんごを呼ぶ』――と公言しましたが、実は当初から『御三家も呼んで欲しい』と強行にアプローチ。中でも『まいやんが来なきゃ意味がない』――とまで言って、白石の登場を頼み込んだそうです」（同氏）

結局のところ御三家は登場しなかったのだが……。

「衣裳（ミニスカート）NGが出て不参加。代わりに参加した2期生について、指原は乃木坂の担当者に『堀ちゃん以外、地味すぎるでしょ』――とクレームをつけ、それが後に白石らの耳に入り、少しだけ〝ややこしいことになった〟と聞いています（苦笑）」（同氏）

後に白石は〝乃木坂AKB〟のメンバー6名に加わり、指原とも共演。

以前のわだかまりは残らなかったのだろうか――。

『私は負けず嫌いだから、「出来ない」と言われると悔しいんです。
乃木坂AKBも「どうせ来ない」と言われていたと聞いて、
逆に「絶対に行く！」と手を挙げたぐらいですから。
行った以上は最高のパフォーマンスをしたい。
AKBさんも小嶋さんと指原さん、それに柏木さんとぱるるさんがいる。
若い世代の代表で松井珠理奈ちゃん、宮脇咲良ちゃんもいる。
私たちは生ちゃん、玲香、なーちゃん、まいまい、
そしてまっちゅんと私の6人だったけど、
「絶対に負けない、負けてたまるか！」
――と気合いが入ってました。
入りすぎぐらいに（笑）』

これ以降、白石は指原を〝同い年のフロントランナー〟として認め、その仕事ぶりに注目。

『バラエティのジャンルでは敵わないかもしれないけど、それ以外は何一つ負けたくない』

――と周囲に公言。

それが廻り廻って、「白石が指原をライバル視している」ストーリーが組み立てられていったのだろう。

しかしながら白石の発言を聞く限り、何だかんだいって意識しているのがバレバレ。

いいではないか、素直に「ライバルだと思っている」と言っても。

乃木坂を卒業してからの白石が指原とどんな〝ライバル争い〟を展開していくのか――。

〝同じ年のフロントランナー〟同士の戦い――それもまた楽しみではないか。

素顔の白石麻衣

5th Chapter

アイドルの衣を脱ぐ時――

Mai Shiraishi

白石が感じていた〝2年前の予兆〟

さて、ここで少し「時を戻そう」——。

「まいやん自身はハッキリと口にはしていませんが、やっぱり普通に凹んで見えました。友だち……いや乃木坂46における相方、戦友、どんな呼び方をするにせよ、最も重要なのは〝価値観を共有出来る〟仲間がまた一人いなくなったこと。まっちゅんはあの通りで見たまんまの人だし、頼れるとはいっても生ちゃんは年下、それに確固たる夢と目標を見据えている人なので、それを邪魔するわけにはいかない。2017年のななみんに続いて2018年は生駒ちゃんがいなくなる——さすがに気丈なまいやんでもダメージは大きかったのでしょう」

なぜ私が大袈裟に「時を戻そう」などと言ったのか。

それは白石麻衣が卒業発表後のインタビューで――


『2年ぐらい前から、ぼんやりと卒業を考えていた』


――と明かしていたことについて、その引き金になった乃木坂内部の環境を皆さんにもお話ししたいからだ。

明かしてくれたのは、もちろんそれらの環境に直に触れていた『乃木坂工事中』ディレクター氏。

「御三家の一人、そして当時はまいやんと共に〝福神から落ちたことがない〟たった2人のメンバーだったななみんが卒業したことは、まいやんにとっては乃木坂46結成以来のショックでした。しかしいくらショックでも、ななみんが卒業したから〝自分も辞めたい〟などと落ち込むほど、まいやんは弱い女性ではありません。いくつかのきっかけが積み重なり、やがて崩れてしまったということです」

白石麻衣は懸命に乃木坂46を引っ張ってきた。

自分が外に出ること、注目を浴びるために頑張るのは〝乃木坂46の名前を広めるため〟と、自分の経験をメンバーにフィードバックして〝みんなで成長するため〟だ。

たとえばグループ外からオファーが殺到するメンバーは、そのほとんどが白石のように高い意識を持ち合わせている。

同じ1期生、スタートラインは横並びでも、意識の高低によっていくつかの層に分かれていくのは必然。言い切ってしまえば、それこそ運営が〝売り出したい〟メンバーと〝売る気がない〟メンバーに振り分けられるのだ。

「僕のように体の半分が乃木坂で半分が六本木一丁目（※テレビ東京本社）から出来ている人間から見ると、まいやんや生ちゃん、まっちゅん、真夏、飛鳥らのような〝売りたい〟メンバーは、そのまま屋台骨を支えるメンバーになってくれている。当たり前のように思う方も多いでしょうが、世の中にこれだけ女性アイドルがいて、まだそれほど乃木坂に注目が集まっていなかった時代から、まいやんを筆頭に彼女たちは外の仕事で結果を出してくれた。もちろんそれぞれの成長スピードは違いましたが、意識の高さは最初から共通していました」（『乃木坂工事中』ディレクター氏）

一方、言葉は悪いが運営があまり〝売る気がない〟メンバーは、意識が内へ内へと向いていく。『乃木坂工事中』をはじめ、グループでの仕事に呼ばれさえすれば満足というメンバーは、やがて〝卒業〟という名目で淘汰されてしまう。

「意識が低いと夜遊びに走り、なまじっか日曜日の深夜に『乃木どこ』や『工事中』がオンエアされているものだから、水商売相手には知名度も高い。具体的に誰のこととは言いませんが、六本木のサパークラブ数軒でニックネームの下に〝姫〟を付けて呼ばれていたメンバーもいました。僕らは文春砲以上にメンバーの夜遊び情報を掴んでいますよ（苦笑）」（同ディレクター氏）

さて、なぜ私が芸能週刊誌のような内容を、それも〝時を戻して〟までお話ししているのか。

それは白石がそういったメンバーに対しても、1対1で向き合い、生活態度やアイドルとしての規律を説いていたからだ。

「まいやんは別に、〝あの子とは価値観が違う〟とバッサリ切り捨てても良かったし、それを咎める者は誰もいません。むしろ〝わざわざライバルを助けなくても〟と、眉をひそめるメンバーもいたそうです。それでもまいやんは、そういったメンバーたちも決して切り捨てたりしませんでした」（同氏）

当時、白石は――

『見捨てることは簡単だけど、そうしたら必ず乃木坂の中で孤立する。
私は私の周りで孤立し、追い詰められるメンバーを見たくない』

――と言って、それぞれのメンバーに自覚を促したという。
そのお陰か、後に1期生たちは〝奇跡の1期生〟と呼ばれるほど、同期の人数が減らなかった。
「乃木坂の場合、2期生は1期生の〝仮想敵〟のような扱いだったので、テレビや雑誌でご覧になる以上に壁がありました。しかし3期生が入ってくると彼女たちとの間には壁がなく、むしろ1期生の中心メンバーたちの妹のように扱われた。そうなるとかえって〝売れていない〟1期生と2期生は居場所をなくし、自ら乃木坂を去って行く。その後ろ姿を見送りながら、まいやんは〝内側から乃木坂を変える〟難しさ、価値観が合わないメンバーとは結局〝最後まで合わない〟現実を突きつけられ、ななみん、生駒ちゃんが卒業したこともあり、『自らも〝進退を決める時期が来た〟ことを悟った』
――といいます」(同ディレクター氏)

実はここでのエピソード、『乃木坂工事中』ディレクター氏の証言は、ここに書いた何倍も生々しかったのだが、誰も傷つけたくなかったのでこの範囲に留めさせて頂いた。

白石が感じていた〝2年前の予兆〟。

その影にはさらに何年も積み重なった、様々なきっかけがある。

だが一つだけおわかり頂きたいのは、彼女はいつも正面から〝乃木坂46のために〟全力を尽くしていたこと。

それを忘れないであげて欲しい。

〝初心〟を忘れないために

かつて白石麻衣はあるインタビューで、乃木坂46がAKB48を下してアイドル界の頂点に立ち、そんな乃木坂46の〝顔〟として大ブレイクしている現状の感想を尋ねられた時──

『毎日、仕事先でコンビニのおにぎりやお弁当を食べてる私が、アイドル界の頂点に立っているなんて、そんなことあるわけないでしょ!』

──と、ややキレ気味で答えたことがある。

次の仕事がどこで行われ、何時に終わるかもマネージャーから教えてもらえず、5分、10分の休憩時間に大慌てでコンビニおにぎりの海苔を巻く。

いくら忙しいとはいえ、そんな食生活をしていれば、芸能人として〝売れっ子〟になった実感が湧かないのも当たり前だ。

『ミシュランの星付きイタリアンとか、グルメ番組に出てくるカリスマシェフとか、お店に行ったら自分たちの席までオーナーが挨拶に来て、握手とサインをお願いされる。普通、そういうのを〝絵に描いたような売れっ子芸能人〟って言うんじゃないですか？


そのインタビューをされた頃の私なんて、事務所のスタッフさんに、

「まいやんごめん！ 今日はしゃけもおかかもなかったから梅干しでガマンして」

とコンビニのおにぎりを手渡されて、

「時間ないから3分で（食べて）」

――って言われてたんですからね』〈白石麻衣〉

いや、実際には〝毎日ゆっくり食事をする時間もない〟タレントのほうが、間違いなく〝売れっ子〟だと思うのだが……。


しかし当時、白石はそのインタビューのお陰で、

「もうそんな文句を言ってんのか」

「事務所のスタッフさんのお陰で売れたんだぞ」

……などと、まったく意識していなかったバッシングに遭ったらしい。

「〝バッシング〟といっても裏方というか、こっちの世界で働いている人たちからの評判を〝ちょっと落とした〟だけの話です。当時、デビューからは3～4年経っていたと思いますが、中には〝その程度のキャリアか。まだ一発屋の匂いがするな〟――と、現場のスタッフから面と向かって嫌味を言われたこともあったそうです」

話してくれているのは、白石がレギュラー出演していた某スポーツバラエティ担当プロデューサー氏だった。

「最近、同じ1期生の中田花奈が〝麻雀アイドル〟への道を歩き出し、『自分もやりたい!』――と名乗りを上げたまいやんですが、ことギャンブルに関しては驚くほど熱中するタイプで、競馬でもある時『前のレースの負け分を上乗せして馬券を買っていけば、当たった時に負け分を取り戻せるんじゃない?』――と言い出し、さすがに僕らが止めた事件があったほど。意外なギャンブル好きは〝男っぽい〟性格から来ている。それがたまに出てしまうと、さっきの話のように周囲のスタッフやマネージャーの一言に過敏に反応してしまうようです」

だが白石は口ではそう言ったが、自他共に〝劇的な売れっ子〟の状況を認めざるを得ない今でも――

『（ミシュランの星付きやカリスマシェフの店には）行ったことがない。

リアルに私はコンビニ弁当があれば生きていけるから』

――と言って、決して贅沢に食べ歩いたりはしない。

『気持ちだけじゃなく、

私は実際に「いつコンビニ弁当やおにぎりに戻っても平気」――と思っていますからね。

昔はそれが悪意のある噂として広がったりしたけど、

普段の私を知っている人は〝それがまいやんのデフォ〟と一笑に付してくれた。

将来、「たまには豪勢な物を食べて贅沢しよう」と思った時は、

その人たちにご馳走して感謝する食事会を開くつもりです』

実は冒頭のように話が広まった後、さすがの乃木坂46運営も「誰に見られているかわからないから」の理由で、タレントのコンビニ弁当を改善したという。

それでも白石は「(マネージャーが)買ってきてくれないなら自分で行く」と、変装もせずにコンビニに駆け込むらしい。


『毎日じゃないですよ(苦笑)。

〝何か今の自分(仕事の)調子がいいな〜〟とか、

〝恐いぐらいに(仕事が)上手く転がるな〜〟って感じた時、あえてコンビニ弁当を食べるようにしているんです。

それは大袈裟に聞こえるかもしれませんが、
いつでもコンビニ弁当に戻れる自分であることを確かめるためで、

〝初心〟を絶対に忘れないためです』

もっとも最近のコンビニ弁当は〝あの頃の何倍も〟美味しくなっているので、食べた感想は――

『〝今日も美味しかったな～〟の感想しかない（笑）』

――そうだが（笑）。

誰もが認める〝売れっ子〟になっても、コンビニ弁当を〝あえて〟食べることで、当時味わった〝初心〟を忘れないようにしている白石。

彼女のその〝謙虚な姿勢〟は、乃木坂を卒業してからも決して変わることはないだろう。

乃木坂46〝謙虚の象徴〟

芸能人、特に若くして歌手や俳優としてデビューをし、しかもオリコンチャートの1位を連発、視聴率20%を超える連ドラに主演するなどの成功を収めると、自分を取り巻く周囲の環境が一変する。

「わかりやすい〝売れっ子〟になると、たいていのワガママは通るので、傍若無人とまでは言いませんが程度の差こそあれ、どんな人間も多少は〝横柄〟になるのは間違いありません。でも別に、それが悪いわけでもありません。むしろまったく変わらないタレントのほうが扱いにくい場合もありますから」

現在も卒業生の一人がレギュラーを務める某番組の関係者は、

「この10年間ぐらいでAKB48の某メンバー、乃木坂46の某メンバーとそれぞれ仕事をしてきましたが、なるほどAKBが一気に落ち目になり、乃木坂が勝ち組として残った〝明確な理由〟は、番組の舞台裏を見れば誰にでも一目瞭然だと思います」

——と語った。

「一言で言うとＡＫＢのメンバーは、世間的には顔が知られていない、名前を出してもわからないレベルのメンバーでさえ、〝超が付く売れっ子〟のように振る舞う子ばかりでした。たまに驚くほど丁寧で控え目な子がいても、聞いてみればＡＫＢに入って数週間しか経っていないとか。要するに〝大ＡＫＢ様〟の看板を己れの実力と勘違いするメンバーが、いかにも多かったですね」（番組関係者）

少しだけメンバーに同情する点は、48グループの運営は吉本興業傘下のＮＭＢ48以外は〝（芸能界の）素人経営〟だったので、タレントを教育する、芸能界のルールを叩き込む、一般社会で通用する人間に育てるノウハウを持たず、そればかりか裏方のスタッフが率先して〝大ＡＫＢ様〟の看板の上にあぐらをかくような、そんな状況だったことは否めない。

「それに対して乃木坂46には〝ＡＫＢを反面教師にせよ〟の指令でも飛んでいたのか、問題児的なメンバーがほとんどいなかった。いや厳密に言えば、いたことはいたのですが、気がつけば恋愛スキャンダルで表舞台から姿を消し、騒動が鎮火した頃には〝活動辞退〟という奇妙な日本語の下、追い出されていましたからね。先手を打って風紀を守る――だから乃木坂のメンバーはいつも緊張感を持っているのでは？――とも感じていました」（同番組関係者）

もちろんそれだけでAKBと乃木坂のメンバーに差異が出るわけではないが、一つだけハッキリしているのは、人気が落ちても「君たちとはずっと仕事がしたい」「一緒に面白い番組を作れば人気も復活する」とバックアップしたくなるか、そんな気にはならないか、その差は天と地ほどの違いだ。

「肝心なのはグループのフロントランナー、すでに卒業したメンバーも含めると白石麻衣の他に生駒里奈や西野七瀬が〝どんな背中を見せてくれたか〟が大切なのです。彼女たちの振る舞いを後輩は真似するのですから」（同関係者）

嘘か誠かはわからないが、あの文春砲でさえ、乃木坂を引っ張ってきた彼女たちについて、「恋愛スキャンダルはともかく、性格やテレビ界での評判には一点の曇りがない」

——と、お手上げ状態だったと言われている。

特に「謙虚の塊」「乃木坂の謙虚の象徴」と言われるのが白石麻衣だ。

「謙虚ですよ、もちろん。しかしそれだけじゃない。とにかく気が回る。誰だってあれほどの美人、超売れっ子に笑顔で接してもらったら、嬉しいに決まっているじゃないですか（笑）」

テレビ朝日『ミュージックステーション』現場スタッフ氏は「今でも……いやきっと生涯忘れない」という、白石のこんな素顔を明かしてくれた。

「詳しい出演時期はお話し出来ませんが、一昨年、乃木坂46がウチの番組に出演した時の話です。タモリさんとのMC席での絡みについてまいやんと打ち合わせをしていた時、僕がふとした拍子に飲みかけの紙コップを倒してしまい、構成台本の上にぶちまけてしまったんです」

現場スタッフ氏は台本が汚れてしまったことよりも、白石の私服にお茶がかかってしまったのではないか？……と案じたそうだ。

すると白石は自分のことには一切構わず、すぐさまティッシュペーパーを取り出すと、大急ぎで台本を拭いていたという。

「だから僕は〝そんなものに構わないでください。コピーがいくらでもありますから〟と、まいやんを制止した。すると次の瞬間、彼女はキッと怒ったような表情でこう言ったんです」

それはまさに、乃木坂46〝謙虚の象徴〟らしい一言だった――。

『皆さんが夜も寝ないで番組を作るから、私たちが出してもらえてるんです。

台本は皆さんの努力の証じゃないですか。

私たちが粗末に扱っていいものじゃありません！』

失礼ながら現場スタッフ氏の言うように〝たかだかコピー用紙〟だし、番組が終わればもれなく廃棄されてしまうもの。

それを白石は——

『大切に扱わないとバチが当たる』

——と、現場スタッフ氏を諭したのだ。

「その時、僕は何があっても乃木坂とまいやんを支えたいと思いました。当たり前ですよ。それまでそんなタレントさんに出会ったこと、一度もなかったんですから」

真の性格は、突発的なアクシデントの裏に見え隠れするもの。

咄嗟に出た白石の謙虚な姿勢、それこそが彼女の〝真実の姿〟なのだ——。

〝ファッションリーダー〟としての未来

ＡＫＢ48や姉妹グループまでを、かつて２０００年代の「アイドル戦国時代の勝者」だとすれば、乃木坂46をはじめとする坂道シリーズが覇権を掴んだ２０１０年代は「アイドル新時代の幕開け」。

そしてこれからの２０２０年代にはどんなキャッチフレーズが付くのだろうか?

「ＡＫＢまでをもはや〝旧世代〟に分類すれば、乃木坂以降の〝新時代〟が勝者となり得た要因がハッキリとわかります。48になくて坂道にあるもの、それは〝一般の女子人気〟に他なりません」

これまで20年以上、アイドル現場の最前線で活躍している芸能ライター氏に言わせれば、坂道シリーズの勝因は「それ以外にあり得ない」ほどわかりやすく、逆に48グループのＮＭＢ48がそれを後追いして結果を出しているのが、２０１０年代末期のアイドル界だったという。

「アイドルがファッションショーのランウェイに登場することは、過去になかったわけではありません。しかし坂道シリーズのように一般のファッションファンから声援が飛んだり、黄色い声が上がったりなんてことは、これまで決してありませんでした」（芸能ライター氏）

……というか、ショーの最中の声援は、むしろマナー違反ではないのか（苦笑）。

「観客がついマナーを破ってしまうことが、坂道メンバーが単なるアイドルを超え、ファッションリーダーとしても認められた証拠です。確かにＡＫＢにも篠田麻里子や小嶋陽菜、板野友美がいましたが、彼女らはグループ立ち上げの1期生と1．5期生。それから現在の16期生まで、誰一人として3人に追いつけていないのが〝ＡＫＢはファッションリーダーになれない〟現実なのですよ」（同芸能ライター氏）

よく言われる乃木坂46人気の特徴が、握手会現場に訪れるファン層の違い。「平均年齢が若い」「女子比率が高い」「メンバー同様にオシャレなファンが揃っている」「イケメンピンチケの巣窟（?）」など、ＡＫＢとの違いは明らかだ。

「今のファン層を呼び込んだ、アイドルをファッションリーダーに押し上げた最大の功労者は間違いなく白石麻衣。彼女を先頭に卒業生の橋本奈々未、そして松村沙友理のご三家が人気女性ファッション誌の専属、あるいはレギュラーモデルの道を切り拓いてくれたから、後に続く者が生まれたのです」（同氏）

ここまでの話に異論があろうはずがない――と思っていると、まったく予想だにしなかったところから、こんなセリフが聞こえてくるではないか。


『いや本当に、乃木坂がファッションリーダーというかオシャレ軍団みたいな評価をされるのは、私個人としては〝過大評価〟だと感じているんですよね。

モデルのお仕事はスタイリストさんがいてカメラマンさんがいて編集者さんがいて、それぞれアシスタントさんがいて。

現場に関わってくださる方、全員で作り上げるのが本誌であり、私たちはその作品の一部。

決して私たちがいれば成立する仕事じゃないんですよ。

でも〝乃木坂を応援することがオシャレ〟と言ってもらえることは、かなり素直に嬉しいです』〈白石麻衣〉

どんなに売れても、どんなに評価されても、さすが白石麻衣は自らの〝スタンス〟を変えない。

「それを聞いて、かつてまいやんにインタビューした時のことを思い出しました。あの時もさっきお話ししたように〝乃木坂がアイドル界の潮流を変えた〟話をしていたのですが、当初は僕の話を満更でもない表情で聞いていたのに、〝その先頭に立っているのが白石さん〟と言うと、まいやんは『私にはそんな力はありません』——と謙虚な姿勢で返してくれたんです」(同芸能ライター氏)

その時、白石は良い意味で——

『私たちがオシャレの象徴なのではなく、単にオシャレな作品を作り上げてくださる方々と仕事をしているだけ』

——と答え、

『それでもいつか、そのセンスやテクニックを自分のものに出来る、吸収することを目標にはしています』

——と語ったそうだ。

「まいやんは卒業したら女優とモデルを両立させ、これまで以上に発信力を高めていくと思います。〝アイドルとモデル〟よりも〝女優とモデル〟、〝アイドルと女優〟よりも〝モデルと女優〟のほうが、なんとなく高尚なイメージを受けますからね。実際、乃木坂がオシャレかどうかは、まいやんが卒業した後に評価されるんじゃないですかね。本当は〝オシャレなまいやんが乃木坂にいた〟のか〝まいやんがオシャレな乃木坂にいた〟のかは。まあ、どっちでもいいと言ってしまえばそれまでですが（笑）」（同氏）

おそらくは、

「オシャレなまいやんがオシャレな乃木坂にいた」

——が正解だろう。

そしてもちろん乃木坂を卒業した後も〝オシャレな白石麻衣〟であり続けるだろう。

〝ファッションリーダー〟として、彼女はこれからますます注目されるに違いない。

「女優・白石麻衣」への想い

高校3年生で音楽専門学校の存在を知り、漠然とした憧れで進路を決めた白石麻衣。おそらく当時は「自分が何者になりたいか」などと考えてもおらず、2年生まで保育士を目指していたのだから、最初の動機は「この学校に行けば楽しそう」ぐらいのものだったに違いない。

『埼玉県の平凡な高校生が、音楽業界に精通しているわけがありませんからね（苦笑）。正直な話、〝楽しそうな学校に進んで、その先はまた分岐点に立った時に考えればいいや〟……程度の気持ちでした』〈白石麻衣〉

もちろんその考えに対して、「将来を真剣に考えなさい」と非難するつもりはサラサラないし、大半の高校生は似たり寄ったりだ。そのきっかけで一生の仕事に就く者もいれば、せっかく進学した学校を辞め、新たな道を模索する者もいる。何が正解かなんて数十年後ですら答えが出ないこともあるのだ。

ただ白石が他の同級生と少しだけ違っていたのは、彼女の母、そして家族への感謝を決して忘れず、何かを決断する時には「お母さんはどう思うだろうか」の考え方が必ずベースになっていることだった。

『「高校は地元には進みたくない」と言った時も、
「保育士ではなく音楽専門学校に行きたい」と言った時も、
お母さんと家族は真正面から私に向き合い、気持ちを聞いてくれた。
ただ単に甘やかされていたわけではなく、
その代わり自分の決断には責任が伴うことを教えてくれたんです。
だから私はいつも「まずは家族はどう言うだろう？」――を考えた上で、
自分の中で結論が出てから動く。
そんな私をお母さんと家族は信頼してくれるから』

そんな白石の家族が彼女の背中を押してくれる時、最も大切にしていることが「その道を進めば麻衣は成長出来るの?」という問いかけに、白石が「はい!」と自信を持って答えられることだという。

時には嫌な場所から逃げ出しても構わない。

しかしそれは娘が、白石麻衣が〝人間として成長するため〟――の条件が付くのだ。

『私にはそれが普通なので、

お母さんや家族の気持ちを最初に考えるのは、

特別なことでも何でもない。

そして何かをやるなら、自分が成長しなければ意味がない。

たまにそれを〝ストイック〟だと言われることもあるけど、

私の周りには呆れるほどストイックなメンバーがいるから、

自分なんてまったく大したことありませんよ(笑)』

そんな白石が卒業後に「ベースを女優のお仕事において活動したい」というのは、ドラマや映画に出演するたびに〝新しい自分〟に出会えるからだと答える。

『お芝居はいろいろな役を演じることで、自分に引き出しが増えることを感じられるし、何よりも〝出来ないことが楽しい〟――と感じさせてくれる仕事に出会ったのは、初めてだったからです』

乃木坂46のアイドルとしての自分は、ダンスが上手く踊れなかったり歌が上手く歌えなかったりした時は――

『なんで出来ないのか？
自分に腹が立って仕方がない』

――としか思わなかった。

そしてモデルの仕事をする時は「自分の役目は自分が美しく写ることじゃなく、商品を素晴らしく感じてもらうこと」で、言ってしまえばマネキンに他ならない。

しかし連続ドラマ、映画の現場はどうだろう。

『まだまだ「私は女優」と胸を張れるほどじゃないし、
先輩でいえば（大島）優子さんのように朝ドラで注目されて初めて、
「女優の白石麻衣です」——と名乗れる気がします。
でもそこまで辿り着く前の今でも、
ドラマや映画の現場に入ってお芝居をすることは、たまらないほど楽しい。
上手く出来なかったら「（次はこんな風に演じてみよう）」——って、
自分なりの正解を探す〝自分探しの旅〟に出ているみたいで……』

卒業後、彼女は着実に名女優への階段を上ってくれるだろう。
そして彼女が切り拓いた道を、その背中を、後輩たちが追いかけていくだろう。

白石が掴んだ〝新たな夢と目標〟

2020年1月クール、初回視聴率10．6％でスタートしたフジテレビ系月9ドラマ『絶対零度～未然犯罪潜入捜査～』。

「もともとは上戸彩主演の刑事ドラマで、続編が作られるほど人気があったのですが、上戸が産休に入ったシーズン3（2018年7月クール）から主演を沢村一樹、ヒロイン役に本田翼を起用して、低迷していた月9枠に投入しました。するとその2018年7月クールから5作品連続で2桁視聴率をキープ。今回のシーズン4も月9でオンエアされているということは、フジテレビには珍しくシーズン5以降のシリーズ化を目論んでいるということです」（ドラマ制作会社幹部）

生身のアクションが少ない日本の刑事ドラマには珍しく、主演の沢村一樹、捜査班の刑事役の横山裕（関ジャニ∞）、暴れるヒロインの本田翼、この3人のアクションはなかなかのもの。

またシーズン3のレギュラーだった柄本時生から、シーズン4では実父の柄本明にレギュラーが交代するなどの遊びも、このドラマの魅力の一つになっている。

さて、なぜ冒頭からフジテレビの月9ドラマ『絶対零度 ～未然犯罪潜入捜査～』シーズン4について長々とお話ししたかというと、白石麻衣が2018年のシーズン3にゲスト出演したことをきっかけに——

『新たな夢を掴むことが出来た！』

——と一気に瞳を輝かせたからだ。

『乃木坂46に入ってから〝どうしても叶えたい〟夢に出会えたのは初めてで、〝口にすると叶わないんじゃない？〟……ってジンクスを気にするほど本気なのは、「私は絶対、20代のうちに月9のヒロインを演じてみせるぞ！」——という夢です』

『絶対零度～未然犯罪潜入捜査～』シーズン3が放映中の2018年8月27日、白石麻衣は生まれて初めて〝月9ドラマ〟に出演した。

「1992年生まれの白石さんですから、夜9時台の連続ドラマを解禁してもらったのが中学1年生、つまり2005年頃だったと考えると、それから高校を卒業するまでの月9ドラマには、毎年こんな代表作が生まれていました」

話してくれたのはフジテレビ第1制作（ドラマ班）に出入りする、テレビ番組情報誌の副編集長氏。

2005年『エンジン』木村拓哉（※主演）
2006年『西遊記』香取慎吾
2007年『プロポーズ大作戦』山下智久
2008年『薔薇のない花屋』香取慎吾
2009年『婚カツ！』中居正広
2010年『コードブルー（2ndシーズン）』山下智久

確かに人気ドラマと人気俳優の名前がズラリと並ぶ。全員ジャニーズだが。

「これらの他に3本ずつオンエアされてますが、この頃の月9は決して恋愛ドラマだけではなかったとしても、『絶対零度』を月9枠に投入するのはかなりの冒険。そしてその決断がなければ火曜日の22時台など、本来『絶対零度』がピタリとハマる放送枠に収められるところでした。本来月9枠のコテコテの恋愛ドラマ不振は、間違いなくネットメディアが流す恋愛リアリティーショーのせいでしょう。まさに事実は小説より奇なりで、単なる恋愛ドラマでは敵いません」

そう話す副編集長氏が明かしてくれたのは、月9ドラマ『絶対零度 ～未然犯罪潜入捜査～』の舞台裏についてだった。

「東京ドームや京セラドーム大阪で、5万人のお客さんを前に堂々としたパフォーマンスを見せてくれる白石さんが、本番ではなくリハーサルから小刻みに震えていました。緊張なのかどうなのかは、残念ながら私にはわかりませんが」

白石自身はその時の体験をこう語っている——。

『月9だからといって、他のドラマとどう違うんだろう……？
自分の体が緊張で震える体験をして、〝月9の重み〟を知った気がします。
あれ以上緊張すると、どうなっていたのかな？
〝砂田繭美〟役をちゃんと演じ切ること以外、何も考えられませんでした』

彼女はこの時、ゾーンに入っていたのか？
撮影現場でずっとブツブツと繰り返していたのは、なぜか〝寿司ネタ〟の名前だったという。

『〝市役所の戸籍住民課で働く25才の砂田繭美。
1週間後にセレブ婚を控え、幸せの絶頂にいる彼女が、
なぜ〝未犯システム〟にキャッチされてしまったのか。
それは繭美が2年前に受けた整形手術に何らかの関係があるのだろうか〟
……ストーリーと出演者の位置関係を常に把握し、私なりに結論を出したいんです』

――自分なりの〝結論〟を導き出そうと、必死にドラマに取り組んだ白石。

最後に、白石が何度も首を捻っていた時に、こっそり呟いた言葉をお届けしよう——。


『わかんないんだよな〜。

でも絶対に聞けないしな〜。

「〝絶対零度〟って何度っすか?」

……って』

〝役者・白石麻衣〟に夢と目標を与えてくれた『絶対零度』。

〝女優〟という新たな道を歩み出した彼女は、乃木坂時代とは異なる様々な〝白石麻衣の顔〟を見せてくれるはずだ——。

卒業で広がる〝白石麻衣〟の可能性――

他のエピソードでもお話ししているが、白石麻衣の写真集『パスポート』は2017年2月7日の発売から3年が経過しても売れ続け、この瞬間にも累計およそ35万部を突破していてもおかしくはない。

「田中みな実の写真集が50万部を突破したことであまり話題にならなくなりましたが、その田中と白石の売れ方に共通しているのが女性講読者の多さです」

ここで話を聞かせてくれるのは、坂道シリーズのメンバーと48グループのメンバー、それぞれの写真集を発刊している出版社の幹部関係者氏だ。

「残念ながら今の出版環境では、女性アイドル、グラビアアイドルといった写真集は、ほんの一部を除いて、ほとんどが売れません。しかしそれが〝坂道シリーズのメンバー〟というだけでベースが3万部、選抜メンバーならば＋3万部にもなります」

それ以上は個々のファン次第。さらに10万部を越えるとなると、一般層への広がりがないと難しいという。

「白石の場合、35万部のうち15万部はアイドルには無縁の一般読者層と言われていて、その大半が女性。つまり彼女が何らかのアクションを起こした際、アイドルファンではない12～13万人の女性消費者が興味を持ってくれる。特にそれが彼女の美しさに関わるコスメティックなら、アッという間に100万人単位の広がりを見せるに違いありません」（出版社幹部関係者氏）

48グループでは〝女子力が高い〟と呼ばれるメンバーがコスメやカラーコンタクト、ファッションネイルなどのプロデュースに名前を貸し出し、中高生でも手が出しやすい価格設定にすることでスマッシュヒットを記録した商品も登場している。

先ほどの写真集の売り上げではないが、もし白石がお手軽コスメ市場に参入してきたら、そのプロデュース商品、コラボ商品の売り上げは青天井すら突き破るかもしれない。

「実際には彼女はナショナルクライアントの化粧品メーカー、ジュエリーメーカーら数社とCM契約をしているので、店売りだろうとネット販売だろうと、同業他社とコラボ商品を発売するのは契約違反です。たとえば化粧品メーカーと契約していなくても、ジュエリーメーカーが〝その化粧品はウチの商品とはイメージが合わない〟などと言われれば、速攻で商品を引き上げざるを得ません。CMのオファーが殺到している時に手を出す意味はないし、どうしてもやりたいならその化粧品メーカーに話を持ち込めばよいのです」（広告代理店関係者氏）

ちなみに現時点、坂道シリーズの周辺からは、この手のコラボ商品等の情報すら降ってこない。

しかし白石は、卒業後の進路について、こんな風に語っている——。


『私たちの仕事は人の感性に訴えかける仕事でもあるから、
舞台やステージ、映像を心に刻み込んで頂けることが喜びだと思うんです。

〝心で触れてもらえる仕事〟だから。

でも一方では、素晴らしい職人さんが作った日用品を手元に置いて大切に使ったり、
そういう〝手で触れてもらえる仕事〟にも憧れちゃいますね。

だからいつかは手で触れてもらえる、手元に置いてもらえる商品の開発にもチャレンジしてみたい。

そのためにはちゃんと勉強して、自信を持って勧められる物を作れる自分にもなりたいんですよ。

卒業後の進路をまだ明確に決めていないのは、

「もう少し選択肢が欲しいから」——の理由もあります。

私、欲張りなので（笑）』〈白石麻衣〉

間もなく乃木坂46を卒業する白石麻衣にとって、目の前の選択肢が一つでも増えるのは素晴らしいことだ。

乃木坂時代は封印していた〝コスメ系のコラボ商品〟の開発など、新しいジャンルに進出してみるのもいい。

卒業は前向きな一歩。

新たなステップを踏み出すきっかけなのだ。

今までより成長するために。

今までより輝くために。

今までとは異なるジャンルで彼女の才能を存分に発揮して欲しい。

『私、欲張りなので』

果たしてこれから彼女は、どんな〝白石麻衣〟を見せてくれるだろうか。

彼女には今、限りない可能性が広がっている――。

Mai Shiraishi

素顔の白石麻衣

～アイドルの衣を脱ぐ時～

白石麻衣フレーズ

『こう見えてかなりの負けず嫌いで、
実は初めてセンターをやった『ガールズルール』の頃から、
指原莉乃さんをライバル視してるんです。
きっかけはちょうど指原さんがＡＫＢさんの総選挙で1位になって、
『恋するフォーチュンクッキー』で初めてＡＫＢさんのセンターをやられたのが、
私と同じ２０１３年の夏のシングルだった運命というか、
そこに因縁を感じたことですね。
同い年で、もちろん今でもタレントとしての実力は叶いません。
でも今年で〝25才になる女性〟としての色気ぐらいは上回ってるかな（笑）？
尊敬はしてるんですけど、私にだって指原さんに勝てる部分はありますから』

６ｔｈシングル『ガールズルール』で、乃木坂46の2代目センターの座に就いた白石麻衣。彼女が強烈に意識していたＡＫＢ48グループのライバル。今から3年前当時、〝ライバル指原莉乃〟について語った白石の言葉。

『出来ることならいろいろな役に挑戦してみたいですね。特に可愛くてモテモテのヒロインよりも、意地悪だけど味のある脇役。そっちのほうが断然、役に入り込む自信があるもん（笑）』

映画『闇金ウシジマくん Part3』に出演し、初めて乃木坂46メンバーのいない現場で芝居をした白石麻衣。「こういう現場では精神面を強く持たなきゃダメだ」――と改めて学んだ。乃木坂卒業後、どんな役を演じてくれるのか。〝女優・白石麻衣〟のこれからが楽しみだ。

『毎年毎年、お仕事の中で新しい自分を発見出来なかったら、
その時点で芸能人の私は終わり。
別に卒業宣言とか引退宣言とかじゃなく、自分自身の決め事です』

「毎年新しい自分を発見すること」——それが芸能人・白石麻衣の仕事に対する自身のポリシー。〝新しい自分〟を発見するために、彼女は乃木坂を卒業し、新たな世界へと飛び込む。

『卒業した後、自分が芸能界で成功する姿を見せられないと、後輩たちの夢や希望を奪いかねない』

彼女の強すぎるほどの使命感と責任感。それゆえ彼女はこれからも後輩たちに自分の背中を見せるべく、芸能界での成功という目標に向かって、〝白石麻衣〟としての生きざまを貫き通す。

『自分がどう見られているかわかりませんけど、
私は言い訳や理屈が嫌いで「ゴチャゴチャ言う前に動けや！」タイプなので、
一方的に引かれちゃうことが多い。
〝理想の白石麻衣像〟とか作り上げてくださったり、ありがたいけど、
まず合ってないですよ（苦笑）』

いかにも白石麻衣らしい〝男前な〟セリフ。言い訳や理屈が嫌いで「ゴチャゴチャ言う前に動けや！」タイプの白石麻衣は、これからも〝本来の自分〟を飾ることなく生きていくのだ。

『〝卒業〟というとネガティブな捉え方をする人がいるのは寂しい。
卒業するメンバーは乃木坂にいる時よりも輝く、成長するために卒業する。
そのステップを踏み出す勇気は誰だって尊敬します』

乃木坂1期生・井上小百合の卒業発表に寄せて白石が語った言葉。

そう、卒業はネガティブなものでは決してない。今よりも成長するため、輝くために乃木坂を旅立っていくのだ。そして今、白石自身も、より輝くため、より成長するために、新たなステップを踏み出す――。

エピローグ

以下は2017年11月8日、『真夏の全国ツアー 2017 FINAL!』として開催された東京ドーム2Daysコンサートの2日目、歴代の単独センターを務めた6人、一人一人が挨拶するシーンでの、白石麻衣のスピーチを書き起こしたセリフだ。

『乃木坂に入って6年。
悔しいことも辛いことも、悲しいこともたくさんありました。
でも今ここまで頑張ってこられたのは、メンバーのみんなと支え合ってきたから。
そして、ファンの皆さんにも支えられてきたからだと思います。
そしてこうやって今、東京ドームに立てていること。
こんなにもステキな景色を見られて本当に嬉しく思いますし、
皆さんをこのステージに連れてこられたのも嬉しく思います。
こんなにもステキな景色を見させてくれて、ありがとうございます』

実はこの時、白石麻衣は「最後に生駒里奈が卒業発表をする」予定を聞いていたので、あまり感情や思い出が詰まったセリフを口にすると涙が止まらなくなることを心配し、なるべく抑えたスピーチに終始したという。

結局、生駒の卒業は運営側から「やっぱり晴れの日だからやめて欲しい」と説得され、2018年の年明けまで延期される。

デビュー曲から5曲連続で単独センターを務めた功労者の〝いかにも寂しい〟卒業発表の裏には、そんな経緯が秘められていたのだ。

「元来、こういう時はサービス精神が旺盛な白石ですが、そんな彼女にしてはいかにもアッサリと、まるで〝今日の主役は私じゃないんだ〟と訴えるかのようなスピーチでした。彼女が『2年前から卒業を考えていた』――の〝2年前〟とは、生駒の発表を止める運営の様子を目の当たりにしたからではないか――そんな風に考えています」

――本編でも貴重なエピソードを紹介してくれた、白石を8年半に渡って取材し続けている芸能ライター氏はそう話す。

要するに功労者に対する〝仕打ち〟に納得が出来なかったという推理だが、本文のエピソードにもある通り、いくつもの小さな出来事が積もりに積もったとしか言いようがない。

しかし確かに、事前に決まっていた〝卒業発表〟を延期させたことは、間違いなく積み重なっていった動機の一片だろう。

専用劇場での定期公演を行わない乃木坂46にとって、初めての東京ドームコンサートは間違いなく〝一番の晴れの日〟だ。

ファンに気持ち良く帰ってもらうために卒業発表をさせない運営と、AKB48への留学中に味の素スタジアム、東京ドーム、さいたまスーパーアリーナ（スタジアムモード）といった大会場でのコンサートを経験し、ステージの上から冷静に気持ちを伝えられる自信を持っていた生駒との間の〝微妙なズレ〟——。

年が明けた2018年、1月30日に受けた日刊スポーツのインタビューで卒業の意思を公表。

ファンは翌31日発売の同紙で卒業を知ることになる。

卒業発表の方法はもちろんのこと、功労者に与えられる〝卒業シングル〟の発売も辞退。

そして4月22日に行われた日本武道館での卒業コンサート、5月6日の20ｔｈシングル全国握手会で生駒は卒業していった。

白石は生駒から――

『最後の握手会は、まいやんのセンター曲で卒業したかった』

――と打ち明けられ、彼女が卒業シングルのセンターを辞退した理由を知った白石は、流れる涙を拭おうともせず、生駒をしっかりと抱き締め続けたという。

そんな白石麻衣は、25ｔｈシングルの全国握手会を最後に乃木坂46を卒業していく。

生駒にとっての白石のように、白石の想いを引き継いでくれるメンバーはいるだろうか。

そして乃木坂を卒業した白石麻衣は、後輩たち、そして私たちに、どんな背中を見せてくれるだろうか――。

Mai Shiraishi

素顔の白石麻衣

～アイドルの衣を脱ぐ時～

〔著者プロフィール〕

藤井祐二（ふじい ゆうじ）

東京六大学在学中からイベントサークル活動に熱中し、卒業後は大手広告代理店勤務を経て中途採用で民放キー局へ。制作現場から離されたことをきっかけに退社、現在はフリーディレクター兼放送作家として活躍中。バラエティからドキュメンタリーまで、幅の広い得意分野がセールスポイント。

本書では、彼の持つネットワークを通して、白石麻衣と乃木坂46メンバー及び運営と交流のある現場スタッフを中心に取材を敢行。白石麻衣が語った“言葉”と、周辺スタッフそして乃木坂46メンバーから見た彼女の“素顔”を紹介している。

主な著者に『白石麻衣×乃木坂46～坂道の向こう側へ～』（太陽出版）がある。

素顔の白石麻衣
～アイドルの衣を脱ぐ時～

2020年2月22日　第1刷発行

著　者……………藤井祐二
発行者……………籠宮啓輔
発行所……………太陽出版
東京都文京区本郷4－1－14　〒113-0033
電話03-3814-0471／FAX03-3814-2366
http://www.taiyoshuppan.net/

デザイン・装丁…宮島和幸（ケイエム・ファクトリー）
印刷・製本………株式会社シナノパブリッシングプレス

ISBN978-4-88469-992-5